[illegible]

[illegible]

ساغر

محمد حجازی

چاپ اول خارج ازکشور: ۱۳۸۶ خورشیدی- ۲۰۰۷ میلادی

براساس نسخه اصلیِ انتشارات امیرکبیر تهران، چاپ ویژه پنجاهمین سال شاهنشاهی پهلوی

ناشر: شرکت کتاب

Saghar

Mohammad Hejazi

Published by: Ketab Corp. 2007

I S B N: 1-59584-143-1

Ketab Corp.
1419 Westwood Blvd.
Los Angeles, CA 90024 U.S.A.
Tel: (310) 477-7477
Fax: (310) 444-7176

Website: www.Ketab.com
e-mail: Ketab1@Ketab.com

کتابی که در دست دارید از سلسله کتاب‌هایی است که شرکت کتاب به منظور پاسخ به درخواست و نیاز جامعه‌ی ایرانی خارج از کشور، و با توجه به این‌که این آثار بدلیل ممیزی و سانسور کتاب در داخل ایران مجوز چاپ و انتشار نمی‌گیرند، با گرفتن اجازه چاپ از نویسندگان، مترجمان و یا ناشران اولیه - به شکل قانونی یا اخلاقی - دست به تجدید چاپ آن می‌زند.

نوشته‌های محمد حجازی در دهه‌های ۱۳۳۰، ۱۳۴۰ و ۱۳۵۰ در شمار پرفروش‌ترین رمان‌های فارسی محسوب می‌شد و آخرین آنها توسط انتشارات امیرکبیر به‌چاپ رسید. اینک شرکت کتاب با کسب اجازه‌ی اخلاقی از آقای عبدالرحیم جعفری مدیر انتشارات امیرکبیر، این مجموعه کتاب‌ها (آرزو، آهنگ، پروانه، پریچهر، پیام، ساغر، زیبا و نسیم) را به چاپ می‌رساند.

لازم به یادآوری است که با هدف حفظ ترکیب اصلی این آثار، جلد نخستین آن‌ها عیناً بازسازی شده و به استثنای افزودن شناسنامه‌ای در ابتدای کتاب، هیچ‌گونه تغییری در کل این مجموعه به‌عمل نیامده است.

فهرست مندرجات

موضوع	صفحه
سه تار گیسو	۵
معشوق شاعر	۹
سرنوشت گلها	۱۳
مرا ببخش	۱۵
رقیب عزیز	۱۸
یار نادیده	۲۱
یك نگاه	۲۵
هما	۲۷
مرید	۳۶
گل بیگناه	۴۳
مترجم	۴۶
در بزم حافظ و گوته	۴۸
عشق پیران	۵۶
عقیده دیگری	۵۹
پیراهن معشوق	۶۲
چگونه شاعر شدم	۶۴

فهرست مندرجات

موضوع	صفحه
قهر و آشتی	۶۹
خط فارسی	۷۲
ترانه‌های بیلی‌تیس	۷۷
یك فیلسوف	۸۳
عشق و ادب	۸۹
شاه شعرا	۹۳
قاضی سنگدل	۹۷
سایهٔ گل	۱۰۳
فرهنگستان	۱۱۰
آشیانه محبت	۱۱۴
زشتی	۱۱۹
عیش پیری	۱۲۲
فرشته	۱۲۴
بی وفائی	۱۳۰
پیش‌از جدائی	۱۳۴
شبی با گل	۱۳۷

سه‌تار گیسو

ازصدای آسمانی سرخوش بودم ، ذرات وجودم درترنم بود ، بندها همه ازجانم گسست وازهوا سبکترشدم . نرم و روان ، بوزن و تحریر موسیقی، برفراز ونشیب میرفتم وقصهٔ دلکش ساز را دنبال میکردم تااز این جهان گذشتم وبآسمانها رسیدم . به ، که چه عالمی دیدم !

پروانهٔ گریزان آرزو بدستم آمد و معشوق پیدا شد : هر ستاره فرشته‌ای بود وفرشتگان هریك بنوائی عاشق میخواستند . در آن میان آنکه بنقش خیال من بود ازماه درآمد ومرا درآغوش گرفت ، گفت وه که چه خوب آمدی !

گفتم مگر توهم مرا میپسندی ؟

گفت ما هریك محبوب کسی هستیم ، در ازل مرا برای دمسازی و نوازش روح تو آفریده‌اند .

گفتم پس چرا اینهمه جانم را از انتظار آزردی ؟ چرا زودتر بوصالم نرساندی !

گفت یك عمرخود رابتومینمودم ودلت را میبردم . آنصورت آرزو که محو و آشفته میدیدی ، سایه‌ای از رخ من بود ، تو چرا عبث در

پی سایه میدویدی و نمیدانستی که من از خاك نیستم و بزمین نمی‌نشینم ! چرا خودترا باین بالا نمیرساندی ؟ تا کسی خود را باین مقام نرساند بمحبوب نمیرسد ، تو با اینهمه پروبال موسیقی چرا دیر آمدی ! اما شادباش که ما در اینجا زخمهای کهنه رادرمان میکنیم وبجبران ناکامیها هر آن‌را بعاشقان یك عمر ، خوش‌میگذرانیم.رسم ما معشوقان آسمانی، مرهم گذاری وجان پروری است ، مرا خدا برای پرستیدن و فرمان تو بردن خلق کرده ، در این بزم بی‌پایان هرچه عیش وسروراست در پای تو خواهم ریخت . بخواه و برمن منت بگذار .

گفتم بگو این آهنگ جانبخش از کجاست که ازهر زخمه دلم پر از درد گذشته و و جدحال میشود .

گفت این نوای چرخ افلاك است ، این چرخ اگر مدام برامش نباشد از گشتن میماند .

گفتم این نغمه را از تارچه غصه‌ها و پود کدام قصه‌ها ساخته‌اند که دل بیمار مرا بیدار کرده و روانمرا بپرواز درآورده .

گفت مدام از زمین بآسمان ، آه و داد و ناله و فریاد میرسد ، فرشتگان گوش هوش میدهند وبآغاز وانگیزهٔ هرشکوه وفغان میرسند : هر داد که از دست بیداد باشد بدل میگیرند ، هرآه واشك که ازچشم و دل عاشق برآید ، درجان جا میدهند ، هر ناله که از نای دردمندی برسد ، بسینه میسپرند .آنگاه این نواهای جانسوزرا با مویه‌میآمیزند وباگریه نرم میکنند وساز فلك را میسازند . در هرخاطری که این‌ساز سر کند ، نورنیکی میتابد وجهان مادی روحانی میشود ، سختی از دل سنگ میرود وخار از گل میریزد. از این رامش و سماع ، دشمن ،

دوستی میکند وبدخواه بمحبت میگراید ، عشق از سوز و درد رشك و حسد آزاد میشود . هر که بساز آسمانی خو گرفت ، جز براه صلح و خوشدلی نخواهد رفت .

گفتم این یك ترانهٔ جان‌بخش را که میشنوم ، از کرم معنی کن.

گفت این حکایت عشق ونیکی است که بهم آمیخته : دختر و پسری در کوهستان بهم دل باخته بودند ، سحر گاهان بذوق عشق ، گوسفندها را بچرا میبردند و آفتاب زدن را در رخ یکدیگر تماشا میکردند ، شعر وسخن نمیدانستند امادلشان می‌تپید وچشمشان میدرخشید، بزبان خاموش عشق از دردهجر مینالیدند واز امید وصال دلخوش میشدند عصردیر که گله را از چرا میآوردند ، همه میدیدند که در جدا کردن گوسفندها دستشان زود ازهم جدا نمیشد ، تنورحسادت دردل بیعشقشان بجوش آمد و ولوله بپا کردند که پسر نامزد دارد و باید از آندختر چشم بپوشد . نامزد را برانگیختند که جان خود را از غصه ریش کند . یك روز مادر نامزدآمد وبپای دختر افتاد که فرزندم دم مرگ است ، اگر تو دست ازاین پسر برنداری میمیرد وخونش تو را میگیرد . از زاری مادر ، سیل اشك ازچشم حاضرین میریخت . بدختر گفتند اگردرسینه دلی داری که ازسنگ نیست ، تا پسرخبرنشده بگذار و برو . آنقدر تضرع والحاح کردند تا دختر ومادرش بترك ده راضی شدند . دختر رفت که گله را ازآغل بیرون کند ، ناگهان صدای افتادنی شنیده شد و فریادی ! دویدند و دیدند دختر ازبالای کوه بپای پسر افتاده و دردامنش جان داد ؟ پسر رفت و درجهان گم شد ، نامزدش مرد ومادرها از گریه کورشدند ، شیونها و مصیبتها از این اتفاق برخاست تا اینکه بگوش

فرشتگان آهنگ ساز رسید وترانه‌ای جانفرا شد. آری رنجها وبدیها و ناله‌ها وقتی به‌بهشت موسیقی درآمد لطف وصفا میشود.

گفتم انصاف نیست من دراین‌بهشت بمانم و دوستانم پای‌بندزمین باشند، میروم آنهارا بیاورم اما توباید با من بیائی...

گفت افسوس که فرشته اگر گرفتار زمین شد فرشته نیست، اما تو برو دوست و دشمن همه را باین بهشت برسان. گفتم تو باید با من بیائی...

گفت میترسم خاکم دامن بگیرد...

گفتم باید بیائی!..

پر زد و رفت. جستم و در گیسوانش‌آویختم، سه‌تار از آن گیسو در دست من ماند و او پر کشید...

بخودآمدم و دیدم ساعتهاست سه‌تارمیزنم وازفراق یار میگریم.

معشوق شاعر

رفیق شاعری دارم ، گفت : «با اتوبوس بشمیران میرفتم ، دختر خوش اندامی‌آمد جلوی من نشست و فکر پراکنده‌ام را جمع کرد . چون پشتش بمن بود ، آسوده و فارغ هر جور دلم میخواست نگاهش میکردم ، خیالم با سایهٔ شاخ و برگها در سروگردنش بازی میکرد ، گیسوانشرا درآفتاب بیابان ، بباد میدادم وبا انگشتها شانه میزدم .

صدای موتور ، پر ازشور وشکایت عشق بود وغزلها وناله‌های‌دل مسافرین را درآن شور وغوغا میشنیدم ، آن نقطه‌های سبز که دردامن کوه افتاده همه باغ بهشت وخلوت من و او بود . با هم پر میگرفتیم و بهترین جا را میجستیم ، صحبتمان بروانی‌نسیم، هیچ گره‌وزبری‌نداشت.

اتفاقاً مسافری که پهلوی دختربود ، در ایستگاهی رفت . داشتم خودم را تماشا میکردم که‌برخاسته‌ام وبجای‌او نشسته‌ام ، ناگهان جوانی کتاب بدست نمیدانم ازکجا ، بحمله‌آمد و آنجا راگرفت . غصه‌دار شدم‌امامثل‌این بود که‌ازامتحان‌سختی گریخته باشم، نفس راحتی کشیدم.

ازحرکات سرونگاههای دزدیدهٔ جوان دیدم که این نقطه‌رانشانه کرده بوده وحاجت دارد . کتابش را بازکرد وسر را درآن فروبرد اما

من میدیدم که چشمش جای دیگر کار میکند ، صفحهٔ راست که طرف دختر بود اغلب پائین میآمد و گردن جوان بآنطرف کج میشد . آری زبان اشاره از سخن دانشین‌تر است ...

سر دختر مثل زنبورعسل که گلی پیدا کرده ، بار اول روی صفحه آمد و زود رفت ، بارها آمد و باز رفت تا عاقبت بند شد .

چندی هر دو از یك صفحه میخواندند و من میدیدم که نمیخوانند . ناگهان دلم فرو ریخت و سرم داغ شد ، اسم خودم را شنیدم ! .. گفت این نوشتهٔ فلانی است .

دختر ازهم شکفت و با تعجب پرسید این کدام چاپ است که من ندیده بودم ؟ من نوشته‌های فلانی را میپرستم .

مدتها تعریف میکردند و هر لحظه برسر زبانم بود که بگویم این منم ، اما میخواستم ببینم باز چه میگویند . خیلی چیزها گفتند که باز گو نمیکنم . هرسه مست نشاط بودیم تا بتجریش رسیدیم و پیاده شدیم . خواستم بگویم این منم ... لکن آنها ازمن جلوتر پیاده شدند و رفتند. مدتی ایستادم و میدیدم کتاب مرا درمیان گرفته‌اند و گرم میروند . . .

تا خانه خودم را ملامت میکردم که چرا نگفتی منم ! وقتی نشستم وآرام گرفتم ، عقلم گفت چه خوب کردی خودت را نشان ندادی ، شعرت بهانهٔ دوستی شد اما شاعر درآن میانه زیادی بود .»

✩✩✩

باز او میگفت اما من نمیشنیدم ، بفکر فرو رفته بودم وشاعر را میدیدم که چشم برجهان بسته و در بستر آرمیده ، ناگهی در خاطرش برقی میزند ، باز صورت آرزو جلوه میکند ، زیبائی سراسر عالم را فرا

میگیرد وباز دنیا خواستنی میشود ، دررنگ وبوی گل و درصبح ونسیم وآب وسبزه وآسمان و زمین وهمه‌جا محبوبرا میبیند وسینه‌اش پرازناله وچشمش پر ازاشک میشود . فرشتگان آهنگ ساز آن درهای اشک را میربایند وبرشتهٔ آن ناله‌ها میکشند وبا وزش موزون بالهای خود ، نغمه میسازند .

مرغ دل ازاین نغمه‌ها به‌پروازمیآید، گل از رخها میشکفد، باغ زندگی صفا میگیرد ، شمع کاشانه‌ها روشن وروی خوبان دیدنی میشود .

آری از اشك و نالهٔ شاعر بوده که عشق بزبان آمده و دنیا روح گرفته ، اگر شاعر نسوخته ونتالیده بود ، عشق از بی‌زبانی و خاموشی میپژمرد و گلزار دل عاشق از بی‌معشوقی میخشکید . اگر شاعر نبود چشم ما حسن دنیارا نمیدید و گوش مانوای افلاکرا نمیشنید و عقلمان نازکیهای صنعت را نمیفهمید .

شاعردرشب تار وروز تنهائی‌میسوزد ومیگرید، عشاق ازاین سوز وصدا بهم نزدیك میشوند ویکدیگررا پیدا میکنند . از آن سوز، گرم میشوند وازآن گریه‌ها میخندند، خرابه‌های دل‌را میسازند وکلبه راکاخ میکنند ، چراغها میافروزند و بساط میگسترند ، بنوای دل شاعر پای میکوبند و راز میگویند و بالهام شعر، لذات آسمانی میبرند.

اما شاعر در آن میانه زیادی‌است ...

✡✡✡

رفیق شاعرم گفت«می بینم که فکرمنی، آری آنها باشعرمن رفتند ومن‌زیادی بودم ، رفتند وسوز مرا زیاد کردند، هزاربارآنها را ازآنچه هستند خوشتر میخواهم که بیشتر بسوزم . اگرآنهابخت خود را ممنون

من باشند ، من این عیش سوزان را شاکر آنها هستم ، عیش شاعر در سوختن است .

معشوق شاعر درمیان این آتش رو مینماید وهرقدر شاعر خوشتر بسوزد او زیباتر وخوبتر جلوه میکند. معشوق من، استادمن و مربی‌من است ، زیبائیهای عالمرا اوبمن نشان میدهد وچشم وهوشم را بدیدن و لذت‌بردن باز میکند . درکاخ وویرانه او مرا بدیدن ناکامیها وامیدارد ودلمرا بدرد میآورد، این بی‌پروائی وبلندپروازی را او بمن یادداده که از طوفان سوانح وروزهای سیاه بگذرم ونترسم ، کار دنیا را بگذارم و مدام درآسمانها بسیر و پرواز باشم.

معشوق من از فقر و بی‌یاری من گله ندارد و جزاینکه من خوب باشم ازمن چیزی نمیخواهد . میخواهد که من‌خودم را فدای عالم کنم، میگوید شاعری کن ، شعربساز وراه اشك وخون را دردنیا بگیر، سنگ دلهارا بآتش شعر نرم کن، دیوار حرص وخودخواهی وبدبینی‌را باسحر سخن فروبریز وباغ مصفای رحم ومحبت ودوستی را که درهردلی پنهان است برویدیگران بگشا ، شعربساز که اگر مرهم شعر نبود ازجراحت اینهمه بیداد ، دایم خون میچکید . حیوان نفس ودیو کین وغضب را با لالائی‌شعر، نرم وخواب کن که اگرشعر نباشد دنیا بچنگ دیوان خواهد افتاد. بنال وبسوز وشعربساز که اگردیگران زخم میزنند تو مأمورمرهم نهادنی . توشاعری ، معشوق تو شعراست ، خوبان و محبوبان جهان همه در معشوق تو جمعند . . . باچنین معشوق وهمدمی اگر پیش دیگران زیادی باشی چه‌غم .

سرنوشت گلها

هرقدر من ازآن گلفروش راضی وشاکرم ، او از من ناراضی و گله‌مند است .

من از او ممنونم که گلفروش شده ، هرروز سرراه من یك خرمن گل میچیند و فکر مرا اززمین به‌بهشت میبرد .

اگر تفنگ فروش شده بود چه میکردم !

او از من شاکی است که چرا مدتی میایستم و از پشت شیشه با گلهایش راز ونیاز ومغازله میکنم ، وارد نمیشوم ویکی‌را نمیخرم .

چکنم که‌نمیداند من بلدنیستم از گل نگهداری کنم . حیفم‌میآید گل را از گلها جدا کرده باشم ، نمیتوانم یکی را انتخاب کنم ، گلها همه‌را دوست دارم . . .

اما یکروز که‌سر گرم تماشا بودم،آمد بیرون درایستاد وچشممان بهم افتاد: گفت اگر غیراز اینها هم گلی بخواهید برایتان‌فراهم میکنیم.

فهمیدم چه عقده‌ای در دل دارد . ناچار وارد گلستان شدم و کار دنیا را فراموش کردم : میدیدم و میبوئیدم و دست میزدم و از حال و زندگی گلها میپرسیدم . چنان بیتاب بودم که با گلفروش طرح دوستی

ریختم و با خود گفتم بعد از این هر روز ببهانهٔ دوستی میآیم و مدتی در میان گلها مینشینم .

دراین ضمن باغبانی آمد و یك سبد گل آورد . دختریرا از پشت مغازه صدا زدند که بیاید و دسته ببندد .

اگر گل چیدن کار جلاد است ، گلرا نوازش کردن و بستن و زینت کردن کار دخترهاست . تماشائی از این دلکش‌تر نیست که دختری دسته گل ببندد .

دختر نشست و گلها را درجلوی خود پهن کرد . یکی را دست راست میگذاشت و یکیرا دست چپ .

من مجذوب این گل‌بازی بودم و نفس نمیکشیدم ، ناگهان بنظرم آمد که مادری بچه‌های خود را دو دسته میکند ! پریشان شدم که‌مگر بچشم مادرهم میان بچها فرقی هست ؟

بی اختیار پرسیدم چرا این گلها را دوقسمت میکنید !

گفت با اینها یك دسته گل برای عروسی میبندم ، با آنها یك حلقه گل برای تابوت ، درست میکنم .

دلم از این ستم فرو ریخت ، دیدم گل بیگناه هم گرفتار هوس بخت وسرنوشت است ! یکی باید با دست ولب عروس بازی کند ، دیگری شب تاریك را در گورستان روی خاك بخوابد ...

گفتم آخر این فرق و امتیاز برای چی‌است ؟!

گفت گلهای خندان را میگذاریم برای عروسی ، گلهای غمناك را برای عزا . دیدم حق با اوست ، ماهم بعضی نالانیم و برای ناخوشی آفریده شده‌ایم ، بعضی هم خندانیم و نصیبمان خوشی است .

مرا ببخش

مرا ببخش : آنروز که دیر آمدی ، آن گریه های من از شوق دیدار یا از گله‌مندی نبود :

شب را با خیال توصبح کردم ورفتم که روی آن تخته سنگ بایستم وآفتاب زدن را تماشا کنم . میخواستم چشم وهوش و دلمرا پر از زیبائی کرده باشم تا وقتی آمدی آن قشنگیها را با تو بیامیزم وزیباترت ببینم. بیدمجنون با سر وصورتم بازی میکرد ، چشمهٔ آب با دلم حرف‌میزد، با هم زمزمه میکردند ، میگفتند ومیشنیدند و اشک میریختند اما من زبانشان را نمیفهمیدم ، لابد از تو گفتگو میکردند .

کوه بلند میگفت من بپرده‌داری ایستاده‌ام ، آسوده شوریدگی کن، چشم من عاشقها دیده و گوشم رازها شنیده که بهیچکس نگفته‌ام.

شهر درحریر سپیده آرمیده بود ، با نگاه تمنا آن حجاب را دریدم و تو را دیدم ، آهسته نازت‌میکردم‌ومیبوسیدم که بیدار نشوی ، نمیخواستم برخیزی ، هنوز بوقت‌آمدنت خیلی مانده بود . اما تو پیش من بودی ، همه‌جا صورت تو را میدیدم .

ناگهان امواج طلا از دریای آفتاب بدنیا ریخت ، چهرهٔ زیبای

تو یعنی دنیای من پر از زر وزیور شد ، فریادشادی ازمرغان برخاست، درختها ازخوشی‌سرشانرا تکان‌میدادندوبا نسیم بازی‌میکردند ،ریگهای بیابان میدرخشیدند وهمه گوهر بودند ، جهان پر ازعیش ونغمه وترانهٔ من بود ، هرآن انتظار داشتم که بیائی و دربهشت را برویم باز کنی ..

آری وقت خوش دست میدهد اما نمیپاید : آمدنت دیرشد ، دلم تپید . . . نیامدی ! خورشید بچشمم گرفت، روزگارم سرد وسیاه وپراز وحشت شد ، ازترس تنهائی میلرزیدم ، جان ازبدنم میرفت ، در خاطرم خاکسترغم‌میبارید ،ازخود بیخودبودم . ناگهان فرشته‌ای‌آمدو بآسمانها پروازم داد ، هرلحظه بآتشگاه عشق نزدیکترم میبرد ومیگفت :

«بیشتر بسوزتا روشنترباشی ، صاحبدلان در کارعشق بروشنائی شما سوختگان میبینند واز سوختن و شوریدن شما آرامش میگیرند و با نغمه ونالهٔ شما خوش میشوند . . . کامرانی حق تو نیست ؛ ساز دل گوینده از وصال خاموش میشود و زبانش از غوغا باز میماند ، بسوز تا بهتر بنالی ...»

درآتش هجرمیسوختم ومیشکفتم و مست و سرشار غم بودم . از نواهای جانسوزعشق کهازآسمان‌بگوشم‌میرسید، سازسخنم بصدادرآمد، چنان خوب ونرم و روان بود که با تپیدن پروانهٔ دلم هم‌آهنگی‌میکرد و زبان گل ونسیم ونگاه وآه عشاق و راز جهانرا برایم میگفت. ازسوز عاشق چشم براه ، چنان شوری درخاطرم بپا کرده بود که اگرمعشوقان میشنیدند ، رسم انتظار ازجهان برمیافتاد ...

وه که چدخوش میسوختم ! میسوختم وازترس میلرزیدم که مبادا آتشم بنشیند وسازم ازصدا بیفتد ، میخواستم آن احوالرا بنویسم ، آن

توانائی را درسخن میدیدم که بتوانم پریشانی و درد عاشق منتظر رادر دل معشوق بنشانم ...

رفتم که بنویسم ... اما توآمدی ! ..

مرا ببخش، آن گریه‌های من ازشوق دیدار یا از گله‌مندی‌نبود، ازاین میگریستم که ساز سخنم ازآمدنت خاموش شد ...

رقیب عزیز

در بچگی معلمی داشتم که خیلی مؤدب و معقول بود ، جز درس حساب ، دستور زندگی هم بما میداد . میگفت اگر کسی مطلبی گفت که درست نبود ، نگوئید غلط گفتی ، بگوئید اینکه میفرمائید کاملا بجا وصحیح است ولی ... پس از آن ولی ، هر چه دلتان میخواهد بگوئید و بتازید و طرفرا مغلوب و بیچاره کنید .

ازیك دوست صمیمی هم پریشب یك درس علمی برای بیچاره کردن رفقا گرفتم که ضرر ندارد شما هم یاد بگیرید . هرجا که بخواهید حسادت و بدبینی کنید بدردتان میخورد . اما شاید وقتی حکایت را شنیدید بگوئید اینکه چیزی نبود ، ما میدانستیم ...

برای اینکه بدانید اینطور نیست ، از شما میپرسم اگر بخواهید بنویسنده‌ای بگوئید بد نوشته‌ای واو ازشما نرنجد بلکه ممنون هم بشود چه تدبیری بکار میبرید ؟ مثلا میگوئید : من خوبی شما را میخواهم ، میترسم نقادان بشما ایراد بگیرند ، این نوشتهٔ شما نقایصی دارد ...

حتماً ازشما بدش میآید ومیگوید اشتباه میکنید !

یا مثلا میگوئید : شما که نباید از بزرگان طراز اول کمتر باشید،

نوشتهٔ شما بپای کلام سعدی نمیرسد ، دقت وسعی بیشتری بفرمائید ...

هزار رده بسعدی خواهد گفت وازشما و سعدی هر دو کینه بدل خواهد گرفت .

پس حالا گوش کنید که آن دوست صمیمی چه نیرنگی بکار من زد وچه درسی بمن داد . درخیابان میرفتم ، بمن رسید و گفت‌ای‌برادر چرا اینقدرمینویسی ، چه حوصلهٔ فراخی داری ، چرا راحت نمیکنی، بس است ، تا کی میخواهی زحمت بکشی ، برای که مینویسی ، این مردم که قدرت را نمیدانند ، ازمن میشنوی کتاب وقلم را بگذار کنار و خوش بگذران یا لااقل سیاسی بنویس که بدردت بخورد...

گفتم حق با شماست ولی از زور بیکاری تازگی نمایشنامه‌ای نوشته‌ام وخیلی میل دارم که شما ببینید و انتقاد کنید.

ازکلمهٔ انتقاد خوشش‌آمد وچون دیدن نمایش ، مجانی بود گفت حاضرم . با هم بتماشاخانه رفتیم ، اتفاقاً ازدحام تماشاچی چنان بود که بزحمت دوجای نشستن گیرمان‌آمد اما ازهم جدا بودیم .

پس‌ازپردهٔ اول رفتم و رفیق‌را دیدم، کمتر بروی من نگاه میکرد وازنمایش حرفی نزد ، پس ازپردهٔ دوم برایش خوردنی بردم اما قصدم این بود که هرطور شده بحرفش بیاورم . در ابروی بهم‌رفته و چشمهای گریزانش‌دیدم که‌میخواهد عیبجوئی کند . باخود گفتم اگرعیب گرفت دلایل فنی و ادبی می‌آورم واز گفته‌پشیمانش میکنم ، یا اگر گفت‌فلانی ازتو بهتر نوشته ، بفلانی و او هر دوخدمتی بسزا خواهم کرد ...

گفت بله ... خوب است ... اما آن‌نمایشنامه که سال پیش‌نوشته بودید چیز دیگری بود ...

دیدم عجب رقیب ودشمنی برایم تراشیده ، کی جرئت دارد بهمچه رقیب عزیزی بد بگوید !

گفتم البته آن‌نمایشنامه خوب بود ولی اینهم خوب است وشاید از او بهتر باشد . پرخاش کرد که‌هرگز ، هرگز ،آن چیز دیگری‌بود، شاهکار ومعجز بود ، من‌یقین دارم که هیچکس حتی خودتان محال‌است بتوانید مثل او دوباره چیزی بسازید ... افسوس که دیگر از آن سنخ نوشته حتی ازشما نباید انتظار داشت .

در دلم گفتم‌آفرین ، اینطور رندانه باید حسادت کرد و از کاری بد گفت ، اینطور باید برای صاحب‌کار رقیب عزیزی تراشید ، که‌نتواند نفس بکشد .

این مطلب را نوشته بودم که خانمی رسید و برایش خواندم. گفت ما همه این را میدانیم . مثلا وقتی میخواهیم دل یکی را بسوزانیم ، میگوئیم راستی خانم ، دوسال پیش ، آنروز درفلانجا که شما را دیدم صورتتان مثل‌آینه میدرخشید ...

یار نادیده

رفیقی میگفت « خیلی جوان بودیم وشرط لذت و دوستی را در همرازی میدانستیم . یکروز رفیقم آمد که دختری پیدا کرده‌ام حور بهشتی ، چکنم که پیش تو نمیآید ، حتی با منهم بگردش باغ و صحرا تن نمیدهد ، آبرودار است . میگوید : «در راه تو ازهمه چیزمیگذرم اما میترسم پدر ومادرم بفهمند وغصه بخورند» دختر نیست فرشته است : اینهمه مهربانی و خوبی وحیا را درهیچ دختری ندیده‌ام .

دلم فرو ریخت ، پرسیدم از یار من خوشگلتراست ؟

گفت جز گوشهٔ‌چشمی‌هنوز ندیده‌ام .(آنزمان زنهارومیگرفتند)

نفس راحتی کشیدم و گفتم پس اینهمه شیفتگی چه معنی دارد؟

گفت مگرممکن است بتول‌خوشگل نباشد ! این صدای‌ملکوتی که از هرساز ونوائی دلکش‌تر است ، صدای دختر خاکی نیست ، این حرفهای شیرین جان‌بخش از دهن فرزند آدم بیرون نمیآید ایندختر ملکی است که برای خاطر دل من‌بزمین‌آمده ،چطورمیشود ملك قشنگ نباشد ؟

با چشم رقابت ، دختر را ازآنچه او وصف میکرد زیباتردیدم و

غصه خوردم وخندیدم . گفتم بفرض که اینطور باشد ، از فرشتهٔ آسمانی که نمیخواهد با تو راه بیاید چه حاصل ؟

گفت حاضر شده یك روز ، اول غروب همینکه هوا تاریك شد بمنزل من بیاید اما تو میدانی که من جا ندارم ، پدرم همیشه خانه است ، اگر اجازه بدهی ، فردا شب بیائیم منزل تو بشرطآنکه خودت نباشی . این اول باراست که‌چیزی‌را ازتوپنهان‌میکنم . چکنم،ناچارم، دخترك ازمن قول گرفته که حتی چراغ ، روشن نکنم مبادا نوکر یا همسایه او را ببینند اما البته وقتی فهمید من و تو با هم چه عوالمی داریم ، ازاین قیدآزاد خواهم شد ، وگرنه بی‌توعیش من خراب است .

آنشب را چند ساعتی با غرور و وجد اینکه رفیقم را پناه داده‌ام و هم با تأسف وغصهٔ اینکه چراآن اقبال بمن رونکرده ، در کوچه ها وقت گذراندم . روز بعد که رفیق را دیدم ازخوشی سرشار بود ، از بخت و روزگار شکرمیکرد ، میگفت با این نامزد و با دوستی مثل تو کسی در دنیا بخوشبختی من نیست . یادش رفت که گفته بود بی تو عیش من خراب است ...

دوسه بار دیگر آن حور وغلمان‌آمدند وخانهٔ مرا بهشت کردند اما من هر دفعه بخواهش رفیق از بهشت بیرون میرفتم، تا اینکه کاسهٔ‌ـ صبرم لبریزشد . شبی دراتاق مجاور پنهان شدم و گوشمرا بدر چسباندم وازصدای دلفریب دختر وآن عشق نرم و بی‌خار ، بجان‌آمدم . ناگهان بی‌اختیار وارد اتاق شدم وچراغرا روشن کردم !

دختر صورتش را با دو دست پنهان میکرد اما چه فایده ، آنچه نباید پیدا شد ... زشت بسیاراست ولی معشوق بآن زشتی ندیده بودم .

دلم بحال هر دوشان سوخت و ازآنهمه غصهٔ بیجا که از حسادت خورده بودم‌پشیمان شدم . هرسه ساکت ومبهوت بودیم‌تا اینکه من بدون‌آنکه چیزی بگویم چراغ را خاموش کردم و برگشتم.

چنانکه انتظار داشتم‌رفیق ازمن قهر کرد واز دیدنم‌میگریخت. پس از دوماه یکروزآمد و بگردنم آویخت ، گفت بخدا در اینمدت از توقهر نبودم واز دور ، دست و رویت را میبوسیدم . اگربدانی چه کار خوبی شدآنشب چراغ را روشن کردی که من روی زشت بتولرا ببینم ! ازآنشب ترکش کردم اما اینکه ازتو درمیرفتم برای این بود که از سرزنش ونیش شوخیهایت میترسیدم .

گفتم شکرخدا را که خطای من مایهٔ خلاصی توشد لکن ازفکر آن دختر بیچاره بیرون نمیروم و ازآن گناهی که نسبت باو کرده‌ام ، تمام عمر شرمنده خواهم بود .

فکری کرد وسری تکان داد وخندید ، گفتم چرا میخندی ؟

بازمدتی خندید و گفت بتولرا گرفتم ، همان دختر زشت که تو دیدی الآن زن من است ، باندازهٔ دنیا دوستش دارم ...

زبانم‌ازتعجب بندآمد .خیال کردم‌دیوانه‌شده یا سربسرم‌میگذارد گفت«چندروزی چشمم ازآن زشتی پر بود . فکر وحواسم کارنمیکرد، یك وقت متوجه شدم که دلم زارمیزند وبتولرا میخواهد ! ازآن‌آهنگ آسمانی وحرفهای بهشتی وآنهمه مهر و صفا ، یك وجودی در خاطرم ساخته شده بود که ازخوبان دنیا همه قشنگتر بود ، فهمیدم که روح زیبا ازصورت خوب مقبولتراست ومن عاشق روح بتولم. بلی روح بتول آنقدر بزرگ ونیك وزیباست که صورت‌وسراپای وجودش را فراگرفته،

بنظر من زنم مثل ماه است : توهم اگرخواستی زن بگیری اول روح زنت را ببین که گول صورت را نخوری .»

واما من سالهاست که بدنبال روح قشنگ میگردم وپیدا نمیکنم، چکنم تقصیر از این چشم است که تا بصورتی خوشگل نباشد نگاه نمیکند ، خوشگلها هم خیال میکنند که اگر خوب ومهربان باشند، از جمالشان میکاهد ! از زیبائی وقدرت روح بیخبرند، اینست که معامله‌مان با هم سرنمیگیرد . چه باید کرد ، همه کس که اقبال رفیق مرا ندارد وآن اتفاق خوش برایش دست نمیدهد .

یك نگاه

رفیق خوبی دارم که بهیچکس حسد نمیبرد الابرآنکه با دلبری وصالی دارد. گفت ای برادر توچه داری که مثل ما دست و پا نمیکنی و زحمت نمیکشی و خوبان دوستت دارند.

گفتم اما من تا بحال از این دوستی ثمری نبرده‌ام. گفت تقصیر از تست که بباغ راه داری و گل نمیچینی، گل که بپای خود بدست کسی نمیرسد!

گفتم اول آنراه را که بروی من باز است نشانم بده. گفت درهر محفلی خوبرویان از تو تعریف میکنند، میگویند چه آدم با وقاری است، یك نگاه سیر بروی کسی نمیکند، چه با شرم وحیاست، چقدر دوست‌داشتنی است. درصورتیکه من بیچاره هزار مکر و دستان بکار میزنم و دام دانه‌ها میچینم وصد یك تومورد لطف مهرویان نیستم حالا میفهمم که پریرویان دخترهای این جهانند و ازمادرشان تقلید میکنند یعنی آنرا میخواهند که آنها را نخواهد! ایکاش من مثل تو اینها را نمیخواستم‌ویك نگاه بیشتر بصورتشان نمیکردم‌اما چکنم که وقتی‌منظر زیبا میبینم، اختیار چشم و دل وفکر از دستم میرود، میخواهم آنهمه

خوبی وخواستنی را با نگاه بکشم و درجسم وجانم جا بدهم . . مگر تو چشم و دل و ذوق نداری که خوبانرا نمیخواهی ، پس‌تو در زندگی چه میخواهی !

گفتم اگر چیزی بخواهم همان زیبائی است ، در این دنیا جز حسن وجمال ، فکر و ذکری ندارم . آنقدر خوبان را میخواهم که میترسم دوبار بصورتشان نگاه کنم ، میترسم آن حسنی که با یك نگاه گریخته وآن نمونهٔ آرزو که درخاطر دارم ساخته‌ام، از نگاه دوم بهم بخورد وخدای نکرده درمحبوب ، کم بودیها وعیبهائی ببینم . باهمان نگاه اول یك صورت زیبا بمیل دلم میسازم و با خود میبرم .

گفت عجب کاری میکنی ! منکه همچه طاقتی ندارم ، مگر محبوب را هم میشود با خیال بافت؟ خوش بحالت که با فکر وحرف و هوا میتوانی خودترا قانع کنی ، منکه نمیتوانم ...

چندی ساکت بودیم ، گفتم اما نکتهٔ دیگری هم درکار من‌هست که باید بدانی . گفت زود بگو ، گفتم بروی خوبان یك نگاه بیشتر نمیکنم که دلشان بسوزد ...

هما

رفیق نویسنده‌ای دارم ، گفت :

آنروز برای رفیقی کاری انجام داده بودم وخوشحال وخندان در خیابان میرفتم . نزدیك ظهر بود ، هزار رنگ خوراکی بچشم خیال درسفره میدیدم ولذت میبردم . دنیا سراسر اشتها و قشنگی و صفا شده بود ، همه را دوست داشتم وبا چشمهای خندان از میانشان میگذشتم .

ناگهان جلوه‌ای دیدم که آتش شوق ازسرم زبانه کشید : دختری با مادرش‌از روبرو میآمدند. متحیرشدم که چه‌جور نگاه کنم که نبینند؟ وقتی ازمن گذشتند چکنم که دلم با او نرود؟

خوشبختانه هنوز بمن نرسیده داخل دواخانه‌ای شدند ، منهم بدنبالشان وارد شدم . یك گردن ازمادرش بلندتر بود اما چنان تنگ بمادر چسبیده بود که دیدم هنوز فکر گناه از دلش‌نگذشته . بیگناهی و زیبائی که با هم قرین شد برای‌آرزو جای شکایت نمیماند .

دوا فروش از من پرسید چه میخواهی ؟

خواستم بپرسم‌آیا سرمه‌ای داری بچشم بکشم که خوبان مرا بقشنگی خودشان ببینند ؟ یا دوائی که بخورد دل بدهم تا از یك نگاه

زیر و زبر نشود ؟ داروئی داری بخورم که‌خوبانرا اینهمه قشنگ‌نبینم؟

ولی این دواها را که از دوا فروش نمیشود خواست ! آه پنهانی کشیدم‌وهوای‌دختر رادر اعماق‌جان جا دادم و بی اختیار گفتم عطر گل مریم دارید ؟

متوجه جواب دوا فروش نشدم وبکار خودم پرداختم . دیدم بخت من است که رو گردانده، صورت آرزو است که از پشت سر می‌بینم.

کمرش مثل دستهٔ گل تنگ و فشرده بود ، گیسوانش یك خرمن تار اندیشه بود که پیچ وتاب خورده‌باشد . کفش پاشنه کوتاه پوشیده‌بود که قامتش‌خیلی بلند بنظر نیاید ، گوئی‌فرشته‌ایست که از زمین برخاسته و درکار است که بآسمان پرواز کند .

یك خط ازصورت ویك گوشه ازچشمش دیدم که خط امان دل بود و گوشهٔ استراحت خاطر. ساق وساعدش را ازحریرآستین و از پردهٔ خیالی جوراب تماشا کردم وبه استادی که عاج را باین تناسب و خوبی خراطی کرده ثنا گفتم .

برای خریدن عطر بهانه‌ها میآوردم وخود را معطل میکردم تا خریدآنها تمام بشود وبروند که من روی دختر را ببینم . با دوا فروش درگفتگو بودم ونگران آن حوری ، که یکی از دوستان مرا از پشت شیشه دیده و داخل‌دواخانه شده بود .بخودم‌آوردو گفت میبینم که دلت رفته و کارت گذشته اما علاج دردت پیش من است ، بیا برویم .

وقتی بیرون‌آمدیم گفت این دختر را من میشناسم ، فردا شب با پدرش منزل فلانی مهمانند ، منهم هستم ،توهم بیا . گفتم اگر به‌بهشت دعوتم کرده بودی باین‌خوشی نبود .

خندید و گفت اما تو را باین بی‌سلیقگی نمیدانستم ! این دختر اصلا خوشگل نیست ، پیداست که گول قامت و اندامش را خورده‌ای و صورتش را هنوز ندیده‌ای .

گفتم چرا ، دیدم وحظ کردم . گفت تو که نزدیك بینی چراعینك نمیزنی که اینجور اشتباهات نکنی ! یادت میآید آنشب در پاریس ، عکس مادر صاحبخانه را که بدیوار آویزان بود ، از روی نیمکتی که نشسته بودیم ، نگاه کردی و گفتی : به ! چه توله سگ قشنگی است ! چقدر خندیدیم حالا فردا شب بیا که با هم باین اشتباهت بخندیم .

تمام شب وفردا را سرگرم خیال آن پری بودم و با قلم تصور ، نقش آن خیال را بهرچه زیبائی درآرزو داشتم زینت کردم و شاهکاری ساختم لکن انگشت رفیقم که میگفت این دختر اصلا خوشگل نیست ، متصل میآمد ومیخواست آن پرده را زشت وخراب کندومن نمیگذاشتم.

فردا شب تا درخانهٔ فلانی که مهمانی داشت ، آنجا که بت من مهمان بود ، رفتم وناگهان برگشتم ! ترسیدم راستی حقیقت باشاهکاری که درخیال ساخته‌ام یکی نباشد .

پردهٔ زیبای آرزو رادر نگارخانهٔ خاطر آویختم وتا زنده‌ام نگاهش خواهم کرد ، چه‌کار دارم که آن دختر زشت است یا خوشگل . . .

✡✡✡

این یادداشت را تا اینجا همانشب نوشتم .

سالی از آن جلوه و داستان میگذشت ، روزی بمنزل برگشته بودم ، در دالان خانه منظری دیدم و گیج شدم . بنظرم آمد که در آن دواخانه ایستاده وآن قامت زیبا را ازپشت سر تماشا میکنم !

آری‌همان قامت و اندام بود که من یکسال درنگارخانهٔ خیال میدیدم وستایش میکردم . چگونه ممکن بود اشتباه کنم !

با کلفت ما حرف میزد ، دلم فرو ریخت ، دیدم الآن برمیگردد و من صورتش را خواهم دید ، وحشت کردم که مبادا خوشگل نباشد و نقش‌خیالمرا برهم بزند یا مبادا از صورت‌آرزوی من خوشگلتر باشد و بیچاره ترم کند !

برگشت ودیدم حق داشتم بترسم، وقتی‌آن پری را دیدم فهمیدم که شاهدآرزوی من بچه صورت است ومن ازبی مهارتی نتوانسته بودم آن صورت را با قلم خیال نقاشی کنم.

گفت من دختر فلانکسم ، پدرم‌امشب شما را دعوت کرده و شما امروز صبح عذر خواسته‌اید . من بهمه گفتم که میروم وحتماً ایشان را میآورم . اگر بدانید که من بنوشته‌های شما چه علاقه‌ای دارم ! اگر بدانید که ما چقدر شما را دوست داریم ، روی مرا زمین نمیاندازید . امشب پنج شش دختر ازهمشاگردیهای من‌میآیند که خدمت شما برسند.

بی‌اختیار گفتم پس چرا ؟ میخواستم بگویم پس چرا آن رفیق نادان گفت تو خوشگل نیستی ، تو که ماه تابانی ، از تو خوشگلتر که در این شهر کسی نیست !

اما نگفتم ویك لحظه هر دو ساکت بودیم . گفت میخواهید بفرمائید چرا تا بحال خدمت‌شما نرسیده بودم ؟ گفتم‌بله ، من نمیدانستم دوست عزیزم یك همچه دختر زیبائی دارد .

سرخ شد وبخود پیچید ، گفت ما هر روز از همدیگر میپرسیم که شما تازه چه نوشته‌اید . اگر بدانید با چه ذوقی نوشته‌های شما

را میخوانیم ...

درضمن این گفتگو باتاق آمده ونشسته بودیم . گفتم بخدا شما همانید .

گفت کدام ؟ گفتم همان قامت واندامی که آنروز از پشت سر دیدم : پارسال یکروز بهار بود ، نزدیك ظهر ، شما با مادرتان بفلان دوا خانه رفتید .

فکری کرد وخندید ، گفت بله درست است ، اما شما عجب حافظه‌ای دارید ، از پارسال تا بحال چطور یادتان مانده ؟

خواستم بگویم من از پارسال قصهٔ دیگری بیاد ندارم ، خواستم از دست آن رفیق که مرا یکسال از دیدن همچو ماهی محروم کرده‌بود فغان کنم اما حیفم آمد که بداند یك چشم بی ذوقی او را خوشگل ندیده ، گفتم بیادآنروز که شما را در دوا خانه دیدم چند سطری یادداشت کرده‌ام .

از جا جست ونشست ، به پیچ وتاب افتاد و گفت شما برای من چیز نوشته‌اید ؟ باور نمیکنم ! پس التفات کنید بخوانم .

منکه میخواستم نگفته باشم که یکی او را خوشگل ندانسته ، چرا از این یادداشت صحبت کردم : از خودخواهی نویسندگی بود که نتوانستم یك نوشته را ندیده بگیرم‌وبرای کسی که‌شاید بهترازدیگران بپسندد نخوانم . از گفته پشیمان شدم ولی چاره نداشتم ، میبایستی مقاله را بیاورم وبخوانم ، خوشبختانه فکری بخاطرم رسید ، گفتم‌این نوشته ناتمام است یعنی تا شما را ندیده بودم کامل بود اما حالامیبینم که باقی دارد ، وقتی تمامش کردم برایتان میخوانم .

گفت شما را بخدا هرچه زودتر آن باقی را بنویسید اما خواهش دارم تا آنجا را که نوشته شده التفات کنید الآن بخوانم .

آنقدر اصرار کرد تا مقاله را آوردم و تا آنجا که تعریف از قد و قامت و گیسوی او بود برایش خواندم و بقیه را بملاقات آینده موکول کردم. از وجد در خود نمیگنجید و با کلمات ازهم بریده شکر و محبت میکرد تا اینکه سر را پائین انداخت و آهسته گفت آیا ممکن است خواهش کنم اسم مرا روی آن مقاله بگذارید ؟

پرسیدم اسم شریف شما چی است. گفت هما گفتم از این خوشتر من اسمی نمیدانم و گرچه کتابی باین اسم دارم باز این نوشته را هما اسم خواهم گذاشت .

همراه آن فرشته بمهمانی رفتم و شبی در بهشت لذت شیفتگی را آلوده بمحنت خردمندی و خویشتن‌داری به منتها بردم.

☆☆☆

فردای آنشب است . از دیشب تا بحال، در بیداری و درخواب ، چنان گرفتار طوفانم که فکرم یك لحظه قرار نمیگیرد . این فکر بیقرار را اگر ببند سخن درآورم شوری بپا خواهد کرد : مینالد که مرا بحال خود بگذار و گرنه غوغا میکنم !

زینهار از بیم غوغا دم فرو میبندم و هزاران راز و فریاد را در سینه نگاه میدارم اما باید باقی مقاله را چیزی بنویسم و چاره ندارم .

دیشب وقتی در آن باغ ، کنار دریاچه ، روبروی آن ماه نشسته بودم و دل و جانم هر آن پر میگرفت و میخواست درهوای اومستی و شوریدگی کند ، باخود میگفتم عیش و شادی تو دراینست که چشم و دلت باختیار

عقل باشد، چرا دراین باغ بیك گل چشم بدوزی و اینهمه گل را نبینی ! چرا خودداری نکنی تا خوبان در دامنت بیاویزند. گرچه گرگ باشی صورت چوپان بخود بگیر تا آهو چشمان ازتو نگریزند ...

خودرا بزور عاقل وفرزانه کردم وساکت و راحت نشستم ، آرام و بی‌تشویش نگاه میکردم وپدرانه لبخند میزدم و نصیحت میدادم. همین که عقلم بردل چیره گشت ومن از عقل راضی وممنون شدم ، ناگهان یك منی از من جدا شد ودست آن حوری را گرفت و برد ..

رفتیم ودرآن دریاچه برپشت قوی سفید بزرگی که منتظرما بود نشستیم : قومیدانست مارا کجا ببرد، بردآنجا که زمین بآسمان می‌پیوندد، آنجا که زیبائی آنقدر لطیف و رقیق میشود که بصورت معنی درمیآید. دنیائی بود سراسر خوبی وروانی ، سختیها ازنسیم محبت همه هموار بود واز بوی خوش عشق ، عقده‌ها ازدل بازمیشد . دیدم که جان معشوق در باغ جمالش همچو نوگلی خندان ومهربان میشکفد . یك لحظه چشمهارا بست ووقتی باز کرد صورتش ازجلای نیکی وتابش زیبائی میدرخشید . گفت وه که شاعرچه دوست داشتنی است ، اگرسخنگو نبود من اینهمه خوبی وقشنگی دنیارا از کجا میدیدم واین نغمه‌ها و ناله‌های پنهان دل خود را کی میشنیدم وچه میدانستم که چه میخواهم ؛ روح پاك نیکانرا دراین جهان تاریك ، من از چراغ شاعری می‌بینم و میپرستم ، زبان آب و گل ومرغان چمن و اینهمه ساز و سخن عشق را من از سخندانان آموخته‌ام، ایکاش شاعری مرا درنهانخانهٔ دل خودراه میداد ومیگذاشت درآینهٔ خاطرش جهان را تماشا کنم. افسوس که نغمه‌سرایان چه‌ها می‌بینند وچه رازها دردل دارند که بما نمیگویند ! من از چشم نیم‌بسته و دهان

نیم‌خندان شاعر وسخنهای کوتاه ومرموز او می‌بینم که کسیرا جزدل‌خود محرم اسرار نمیداند اماتو بیا وهرچه دردل داری بمن‌بگو، مگرنه تو شاعر خوب منی ؟...

گفتم توشعرآسمانی منی، توپردهٔ پرنگار خیالی، توجلوهٔ دلربای آرزوئی، رمزدل من دروجودتونهفته بود ومن نمیدانستم، تومایهٔ حیات من بودی ومن خبر نداشتم، آری‌من دلباختهٔ سخن بودم وودرپرستشگاه زیبائی، خدای جمالرا بسخن میپرستیدم وبرتر از این‌کار وهنری تصور نمیکردم. کمال سخن‌را در دورگاه خیال، آماج آرزو کرده بودم و دراین راه بی‌پایان بسرمیرفتم واین رنج شیرین را بلذت هیچ خواستنی نمیفروختم، اینك آن کمال مطلوب را درحسن تو میبینم، میفهمم که ازآنهمه صورت پندار که بهزاران طرح ورنگ‌سخن میساختم مقصودم این آیت روی تو بود ومن‌از عهده برنمیآمدم. میخواستم خدائی کنم و از اینهمه زیبائی وشیوائی ومهر ونیکی و پارسائی که تو داری نگاری همچوتوبسازم ونمیتوانستم اما خدا یارمن بوده وترا آفریده، بعد ازاین آن بهشتی‌را که ازاعجازسخن‌میخواستم، ازعشق روی‌توخواهم خواست، از سخندانی کسی بجز این مرادی نخواسته.

گفت این ندائی‌است که من ازدل خود میشنوم، پیامی است که از افلاك بگوشم میرسد، آری بعداز این‌عاشقی میکنم وتورا میپرستم، ازتو بهتر که خواهد بود ...

فرشتدام نگاه خودرا از آسمان بزمین آورد و مرا خوب دید اما ناگهان برآن قوی سفید بزرگی که ما را باخود آورده بود نشست و تنها رفت !...

گفتم کجا میروی ؟... فریاد کردم که مرا پس چرا نبردی !..

گفت درپی معشوق میروم ، وقت معشوق بودن توسپری شده ...

ناتوان و بیچاره خودرا بکنار دریاچه و بمیان جمع رساندم و باز خود را درمقابل آنماه دیدم که ساکت وآرام نشسته‌ام وپدرانه صحبت میکنم ولبخند میزنم . حال زار مرا ازخلال این احوال دید ورقت کرد و بازبان لطیف چشم گفت اشتباه میکنی ، سخن گوئی ازکامیابی بالاتر است . دریغا که آتش ذوق سخندان بدست بخت فرو بنشیند ! اگرشاعر نسوزد بزم این جهان سراسر تاریك است ، خدا نکند که من بخت‌تو باشم وتورا بکام برسانم ! من‌آن نسیم خوش الهامم که پیوسته برآتش‌ذوق تو خواهم وزید و تورا خواهم سوخت.

مرید

مرید وهواخواه عزیزی دارم که بهیچ قیمت ازدست نخواهم داد زیرا نتیجهٔ سالها زحمت وکار من است.

یکروز صبح پائیز که در ایوان رو بآفتاب نشسته بودم و فکر میکردم ، صدای کوبیدن در بلند شد ، خبر آوردند که حسین است. تعجب کردم که چرا نوکر صاحبخانه یکروز زودتر برای گرفتن کرایه آمده ! گفتم بیاید .

همینکه وارد شد دیدم شخص دیگری است ، خوش‌لباس وخوش قیافه ، برخاستم و باروی گشاده صندلی‌خودم‌را تعارفش کردم وروبرویش نشستم اوهم ذوقزده بود وخیلی ادب و محبت میکرد .

گفت «مدتهاست نوشته‌های شمارا میخوانم ومریدشده‌ام ، آمده‌ام تمنا کنم که مرا بارادتمندی بپذیرید . »

آیامیدانید مرید بدام گرفتن چه لذتی دارد؟ اما اگر شماهرگز مراد نبوده‌اید از گفتن من این‌لذترا درك نخواهید کرد .

ازآنروزتابحال بهرزحمتی بوده مریدرا نگاهداشته‌ام ونگذاشته‌ام از دام فرار کند اما چه رنجی دراین راه برده‌ام ، خدا میداند.

البته چون شماهم دل دارید ناچار عاشق شده‌اید و راه و رسم عشقبازی‌را میدانید : باید نازها کشید وتحمل سختیها کرد وشکیبا بود ، گاهی‌هم که آتش عشق درحال فرونشستن است، باید قهر وآشتی کرد و بدینوسیله آتش رفته را دوباره دامن زد تا اینکه یکروز مثل اینکه از خواب پریشانی بیدار شده باشید ، میبینید که اشتباه کرده بودید ، آن معشوقی که میخواستید این نبود ، باید گشت واو را پیدا کرد . دنیا را میگردید واورا پیدا میکنید وبازمی‌بینید که اشتباه شده! بازباید گشت و اورا پیدا کرد. . .

بادوست و رفیق هم که میدانیم چه معامله کنیم : یا باید یکروز به بهانهٔ اینکه فلان پای خطا را گذاشته و بمیل مارفتار نکرده ، ازاو برنجیم وچه بسا که بااو دشمن بشویم ، یااگردوستی خیلی طول کشیده ورنجشی بمیان نیامده باشد، خودبخود ازدوست خسته وبیزار میشویم و از او میبریم وبا دیگری میپیوندیم .

اما اگرشماهرگز درعمرتان مراد نبوده‌اید، ازمشقت مریدداری خبرندارید ونمیدانید که مریدرا مثل جان شیرین بهیچ قیمت نمیشوداز دست داد وبرای‌اینکه این گوهر از دست نرود ازهیچ تدبیر و حیله‌ای نباید خودداری نمود .

مثلا شاید خیال میکنید که اگر روزی مرید داشتید ، اوپیرو و تابع شماخواهد بود وحال‌آنکه درحقیقت شماباید از هزار میل وهوس اوپیروی کنیدزیرا زود متوجه خواهیدشد که او شمارا غیرآنچه هستید تصور کرده‌وبسلیقهٔ خود ازوجود شمایك معبود خیالی‌ساخته ، بایدهرچه هوش دارید بکار بیندازید وشکل آن معبود خیالیرا درضمیرش ببینید

وهم بایدآنقدر قدرت تقلید وتسلط برنفس‌داشته باشید که بتوانیدخودرا بصورتیکه او میخواهد بسازید .

ازاین مشکلتر آنکه شکل‌این معبود خیالی هرروز درذهن مرید عوض‌میشود وشما ناچار باید بخاطراو هرروز نقش تازه‌ای بازی کنید .

باید اقرار کنیم که درس ودستورمراد بودن واین نکات دقیق را این مرید عزیز بمن‌آموخته منتهامن استعداد ندارم وآنطوریکه منظور اوست ازآب بیرون نیامده‌ام واگرمریدتابحال پابرجا مانده وازمن سر نخورده ازخوبی خود اوست .

من‌خیال میکردم بامرید بایدیکرو وخودمانی بود، تصورمیکردم همدم وهمرازی یافته‌ام ومیتوانم هرچه دردل‌دارم باوبگویم وازاو کمك و درمان بخواهم . بعدها فهمیدم که چه اشتباهی میکردم !

همانروزهای اول، یکروز که بامریدم گرم صحبت بودم وآسوده هرچه دلم میخواست میگفتم ، زرد وسرخ شد و گفت اگرجسارت‌نباشد عرضی داشتم . گفتم بفرمائید .

چندی دستهارا بهم مالید وآب دهان‌را فروداد و گفت میخواستم عرض کنم این فرمایش شما درست ضدآن چیزی است که درفلان مورد نوشته‌اید ، ازشما همچه انتظاری نداشتم ...

البته دست وپائی کردم وجوابی‌دادم اماخیلی خجالت‌کشیدم واز خودم بدم آمد که مگرراستی باآنچه مینویسم اعتقادندارم ! وهم‌ناراحت شدم که بعد از این باید پیش‌از حرف‌زدن ، درهرچه نوشته‌ام بگردم و ببینم درموضوع گفتگو سابقاً چه اظهارعقیده‌ای کرده‌ام . عجب کارمشکلی!

روزدیگر درضمن‌صحبت که حال‌خوشی‌داشتم ومیگفتم ومیخندیدم

وشوخی میکردم ، دیدم بازدستهارا بهم میمالد وآب دهان‌را فرومیدهد وباز همان احوال خرده گیری وراهنمائی‌بمریدم دست‌داده، گفتم هرچه بنظرتان میرسد بفرمائید وملاحظه نکنید .

گفت‌میخواستم عرض کنم اگرشما کمی خودتانرا بگیرید، شاید بهتر باشد، آخر مردم ازشما توقعاتی دارند ...

غم دنیا بدلم فرو ریخت، دیدم‌آن‌عالم خوش صمیمیت وآندوست یکرنگی که برای خود تصور کرده بودم ، دود شد و بهوا رفت ، مانند بازیگران بعدازاین‌باید پیش‌او خودم را بگیرم وشوخی‌نکنم ونخندم و غیرآنچه میخواهم باشم . چه عذاب الیمی !. . . . باید غیرآنچه فکر میکنم بگویم ، چه مصیبتی !

اگرمعشوق همچو توقعی‌ازما داشته باشد، میرنجیم وقهرمیکنیم ؟ اگردوست همچو تقاضای بیخودی بکند، ازاو میبریم . لکن مرید را نمیشود مثل دوست و معشوق بآسانی‌از دست داد زیرا مرید پیدا کردن باختیار ما نیست ولی رفیق و دلبرگرفتن باراده‌ٔ ما است .

برای حفظ این مرید، تاکنون هرچه توانسته‌ام زحمت کشیده و خودرا مطابق دلخواه او عوض کرده‌ام اما متأسفانه میبینم که باز آنکه او میخواهد من نیستم .

باوجود این ، مریدم آنقدر رئوف وباگذشت است که هنوز بکلی ازمن سرنخورده وقطع امید نکرده . گاهی بسروقتم میآید وبرای‌تربیت من هرچه میتواند از توبیخ و پند ، کوتاهی نمیکند .

یك‌روز پرسید راستی چرا شعرا و دانشمندان ، بااینهمه فراست از پول پیدا کردن عاجزند ؟

خواستم بگویم کتاب زیاد خواندن و از حفظ کردن یاخیالات بیهوده‌را بهم بافتن چه ربطی بفراست‌دارد. دیدم مقصودش از آن‌سؤال، منم و اگر همچه جوابی بدهم بنادانی و بی‌هوشی خودم اقرار کرده‌ام، ناچارجوابیرا که هزارسال پیش‌شاعری شاید بسئوال مرید خودداده بیاد آوردم و گفتم: دانش وخواسته‌است نرگس و گل- که بیك جای نشکفند بهم، هر که را دانش‌است‌خواسته‌نیست- هر که‌را خواسته‌است‌دانش کم.

سری برضا حرکت داد وساکت شد ولی درحقیقت نه من‌از این جواب قانع شدم نه او. هردوفهمیدیم که شاعرمغلطه کرده وآتش‌حسرت و عیب تنبلی‌خود را بااین حرفها پوشانده. خلاصه اینکه باوجود هزار بهانهٔ من‌برای‌فرار ازراه‌راست‌عقل، مریدم دست‌از راهنمائی برنمیدارد و از فداکاری خودداری نمیکند.

روزی با ادلهٔ محکم و براهین روشن درضمن یك درس و موعظهٔ دراز، بمن ثابت کرد که تنها کتاب خواندن کافی نیست وفقط نوشتن، کسیرا بجائی نرسانده، باید مثل همه بمیدان رفت و کوشش و مبارزه کرد ونگذاشت‌مقاماتیرا که حق ما‌است‌دیگران ببرند وافراد شایسته‌ای مثل‌مرا ازمناصب وحقوق‌مسلم خود محروم کنند ... برای‌آنکه مریدرا ازدست ندهم و گویا هم برای‌آنکه حس جاه‌طلبی وحسادتم تحریك‌شده بود، منطق مریدرا پذیرفتم وقول دادم که ازفردا بدستور اورفتار کنم، بمیدان بروم و برسپاه رقبا بزنم و بخورم ..

هرچندروز یکمرتبه میآمد ومیپرسید که نتیجهٔ اقدامات‌چه شد؟ هردفعه با شرح نقشهٔ بدیعی که برای احراز موفقیت کشیده بودم گیج وخسته‌اش‌میکردم وهرطور بود راضی روانه‌اش مینمودم اما بالاخره

مریدراهم هراندازه‌محکم وفداکارباشد، تاحدی میشودغافل وازحال‌خود بی‌خبر نگاهداشت .

پس‌از چندی که مجال عمل بمن داده بود ، روزی بدیدنم آمد و بالحنی حاکی‌از بی‌صبری و بدگمانی پرسید این‌روزها چه‌کرده‌اید ؟

اتفاقاً آنروز بخیال خودحکایت‌دلچسبی‌نوشته بودم وانتظارداشتم شنوندهٔ موافق ومتحملی پیدا کنم وبرایش‌بخوانم . عقل‌را فراموش کردم و بی‌اختیار گفتم چیز خوبی نوشته‌ام...

غبارملال درصورتش پیداشد و گفت میخواهم بدانم چه کرده‌اید، چیزنوشتن که کار نیست .

البته این جواب عتاب‌آمیز برای کسیکه حکایت دلچسبی نوشته ودنیارانگران ومعطل‌آن حکایت‌میداند، خیلی‌ناگواراست.دلم‌خواست بگویم ای‌مرید بی‌مهر و وفا ، حیف ازآنهمه رنج خودنمائی که بخاطر تو بردم . توجان‌شیرین منی اما برخیزاین جان‌شیرین را ازمن‌بگیر و بروکه بیش‌ازاین تاب خودسازی ندارم

ناله و زاری مریدرا درچشمهایش خواندم وشنیدم که درخاطرش بمن‌میگوید: ای مرادبیهوش وفراست، چرا ازاینهمه اصرار وابرام من نمیفهمی که نوشته‌ات‌را دوست دارم و آرزو میکنم که درنظرم محترم و لایق ستایش وتعظیم باشی! آخر توهم حرکتی بکن وخودت‌را بپول و مقامی برسان تامن بتوانم تعظیم و تکریمت کنم ... تادوستان ومریدان بتوانند پروانه‌وار دورت بگردند... چرا نمیدانی که بآدم بی‌پول ومقام هرقدرهم خوب بنویسد ، نمیشود ادب واحترام گذاشت .

دلم برای‌مریدصاحبدل رقیق‌شد ودیدم حق بااوست لکن باوجود

این اگر دوست عزیزی نرسیده بود، مریدرا ازخود رنجانده ورانده بودم.

آندوست عزیز، فاتح ومغرور از درآمد ومرا کنار کشید و گفت اگرفلان منصب مهم‌را میخواهی برخیز برویم وفلان آدم مهم‌راملاقات کنیم که کار تمام است. گفتم تفاوت حقوق این منصب باحقوقیکه من الآن میگیرم مختصراست ومن این‌ناچیز را میتوانم از نوشتن پیدا کنم. پرخاش کرد که چه میگوئی! نوشتن، زحمت ورنج دارد و بهیچ درد نمیخورد درصورتیکه این منصب‌هم عنوان‌دارد وهم حقوق‌بیشتر، بدون اینکه کسی از تو توقع کار کردن و زحمت کشیدن داشته باشد!

دیدم صد رحمت بآن‌مرید مزاحم که لااقل نوشتن مرا در ترازوی عقل خود، به کمترین وزنی قبول دارد.

خطاب ای مرید بی‌مهر ووفا را که برسرزبانم بود دردل فروادم وباخود گفتم مریدرا بهیچ قیمت ازدست نباید داد.

گل بیگناه

دختر کوچولو گفت نمیگذارم بروید ، باید بیائید تو، الآن بابا جان ومادرجانم میآیند، رفته‌اند مهمانی ، نمیگذارم بروید ...

انگشتم را گرفت ومیکشید . البته زورش بمن نمیرسید اما منهم نمیتوانستم انگشتم را ازدستش بیرون بیاورم . ایندختر آنقدر مهربان و شیرین‌است که جای یك همصحبت موافق‌را میگیرد .

گفت بیائیدبرویم توی‌باغچه ، من‌حالا باید گلهایمرا آب‌بدهم .

رفتیم توی باغچه ، باهم کمك کردیم ویك‌صندلی حصیری‌آوردیم که من بنشینم . دخترك آبپاش سبزرنگ کوچکی‌را ازحوض پر کرد و آوردنزدیك من بزمین گذاشت . گفت «ازآنجا تا اینجا باغچهٔ من‌است ، این گلها مال منند ، احمد حق‌ندارد بباغچهٔ من آب بدهد ، حق‌ندارد بگلهایم دست‌بزند . آن وسط جای عروسکهاست ، هرروز یك قالیچهٔ کوچولو پهن میکردم وعروسکهایم رارویش مینشاندم و خودم پهلویشان می‌نشستم اما بابا جانم دیروز گفت‌آدم اگرروی زمین‌نمدار بنشیندپایش دردمیگیرد. منهم عروسکهایمرا امروز نیاوردم بیرون تامادرجان برایم تخت درست کند ... آیا راستی خیلی طول‌میکشد تاتخت درست بشود؟

گفتم بعضی وقتها یك‌عمر طول دارد ، عاقبت‌هم درست نمیشود . ولی گاهی‌هم هنوز عروسك بدنیا نیامده تخت و صندلیش‌را ساخته‌اند ، اما تخت توهمین روزها درست میشود ، اگر نشدمن‌خودم برایت‌میاورم .

خندید و مشغول آب‌پاشی شد. گلها مثل بچها زیردوش آب ، نفسشان بند میآمد و سرشانرا باینطرف و آنطرف میانداختند جیغ میکشیدند ومیخندیدند . من جیغ و صداشانرا میشنیدم . وقتی شسته و تمیز شدند ، نگاه دختررا بگلها و نگاه گلهارا بدختر تماشا میکردم و معنی آنرا درخاطر میجستم .

همینکه آب‌پاش خالی شد ، دخترك افتاد روی زمین ، گلهارا نوازش‌میکرد ومیبوئید ومیبوسید واسم وقصهٔ هر کدام را برایم میگفت.

خودش مثل گل بزرگی بود که ازمیان چمن دامنش بیرون‌آمده باشد. اوقصهٔ گلها را میگفت ومن در خیال ، قصهٔ اورا میشنیدم که چدها خواهد دید و گفت و چدها خواهد شنید...

برای‌اینکه خودمرا از این خیال آشفته خلاص کنم ، گفتم مگر آن گل سرخ ازباغچهٔ شمانیست ؟ گفت چرا . گفتم پس چراخشك وزرد شده ، چرا آبش نمیدهی؟ گفت تقصیرخودش‌است ، میخواست گل بدهد تامن آبش‌بدهم . هرچه آبش دادم گل‌نداد ، منهم دیگر آبش‌نمیدهم .

گفتم نه عزیزم ، اوگناه ندارد، توبیحوصلگی کردی . اگرچند روز دیگرهم آبش داده‌بودی ونازش کرده بودی حتماً گل میداد . ببین از بی‌آبی چه پژمرده شده، از بی‌نازی چه زرد وناخوش شده !

اشك درچشمهای دختر حلقه‌زد وباصدای ازذوق وپشیمانی گرفته گفت بچشم ، بعداز این آبش میدهم .

رفت و آبش‌داد ، برگهایش‌را پاك میکرد ومیبوسید .

ازاین تماشا متأثرشدم وفکرم پر گرفت . دیدم‌منهم باغچه‌ای دارم که باید باغبانی کنم و گلهای دوستی‌را باید بپرورانم . پس‌چرا آن‌یار عزیزرا چندی‌است بیادنمیآورم ؟ اگر گل دوستیش هنوز نشکفته تقصیر از من است ، او همان گل سرخ است که من بجرم دیر گل دادن آبش ندادەام و نوازشش نکردەام . گناه از من است که از بیحوصلگی در محبت کوتاهی میکنم .

برخاستم و رفتم . دخترك فریاد زد کجا میروی ! الآن پدرجان می‌آید . . .

گفتم منهم گل بیگناهی دارم که ازغفلت من پژمرده شده، میروم سر و رویش‌را ببوسم وبا اشك چشم آبش بدهم ...

مترجم

نمایش‌نامه‌ای نوشته بودم بنام «عروس فرنگی» که درجامعهٔ باربد بازی‌میکردند وخیلی گرفته بود، حضار ازخنده دایم درپیچ وتاب بودند ومنهم باهمه میخندیدم اماخندهٔ من‌از ته دل‌نبود، میخواستم کسی نفهمد درخاطرم چه آشوبی‌است؛ متوجه بودم کسی‌ازچشم وحال‌من ، نقایصی‌را که در بازی هنرپیشگان آزارم میداد نبیند .

رفیق‌بسیار خوبی‌دارم که نوشته‌های‌مرا میپسندد و بذوق‌من‌ایمان دارد. شبی اورا باین‌نمایش دعوت کرده بودم ویقین‌داشتم خوشش‌خواهد آمد ودرعقیده‌اش نسبت بنوشتن من راسخ‌تر خواهدشد .

اتفاقاً بخلاف انتظار، درصورتش آثارخوشوقتی‌ندیدم وحتی سعی میکرد دهانش‌را ازخنده جمع کند . فهمیدم که متأسفانه اوهم بنقایص کار بازیکنان برخورده . گفتم این عبارتهای زیادی ونامربوط ، مال من نیست و این حرکات بیجا را من نگفته‌ام، دراینمورد فلان جمله را نوشته‌ام که بازیکن بالمره فراموش کرده ...

گفت امامن رویهمرفته دربازی هنرپیشه‌ها عیبی‌نمی‌بینم .

دیدم خدا نکرده میگوید عیب درنوشتهٔ من‌است !

بدنوشتن اهمیت ندارد اما یك مرید و ستایشگر از دست دادن وحشت‌آور است. از ترس، دنبالهٔ صحبت‌را رها کردم وساکت‌شدم . اما چیزی نگذشت که صبرم تمام شد وپرسیدم آیادراصل نوشته عیبی‌میبینید؟

فکری کرد وبا کراه گفت خیر، عیبی نمی‌بینم ، منتها ...

دلم ازهول فرو ریخت . پس‌از کمی‌تأمل ، خودمرا گرفتم و گفتم بفرمائید ، منتها چه ؟...

دستهارا بهم مالید وچشمهارا بالا وپائین کرد و گفت من مشغولم نمایش‌نامهٔ فلان‌را که البته شما خوانده‌اید ترجمه‌میکنم . گفتم من‌این نوشته‌را نخوانده‌ام .

باتعجب گفت‌شما این‌نمایش‌نامهٔ معروف، تصنیف‌نویسندهٔ بزرگ فرانسوی‌را نخوانده‌اید! گفتم من اسم این نویسنده را اول بار است که میشنوم. پرخاش کرد که چرا شما نبایدهمچه‌تصنیف‌مهم وچنین‌نویسندهٔ بزرگی‌را نشناسید! دردنیای‌متمدن،امروز کسی نیست که ازاین‌نویسنده واز این‌نمایشنامه بی‌اطلاع باشد، برای‌شما نقص‌است. واقعاً این‌تصنیف از معجزات بشمار میرود ، من درعمرم همچه تصنیفی نخوانده واینطور مسحور نشده بودم . الآن سه‌ماه است درکاراین ترجمه زحمت میکشم . راستی که مشکل‌است‌اماچیز نفیسی‌ازآب درآمده ، لازم بود اهل‌ایرانهم ازاین شاهکار بی‌نصیب نمانند .

نفس‌راحتی کشیدم وردلم‌خندیدم ، دیدم شکرخدا ایرادمعقولی بنوشتهٔ من ندارد الاآنکه چون شاهکار نویسندهٔ مشهور فرانسوی‌راترجمه میکند ، خودش را صاحب‌آن شاهکار و بجای‌آن نویسنده فرض کرده و دلش نمیخواهد نوشتهٔ دیگری‌هم خوب باشد .

در بزم حافظ و گوته

دیوان‌شرقی گوته ، مارا بدلکش‌ترین بزمها فرا میخواند، بزمیکه ازشرق وغرب، دوآفتاب برآیند وبرهم بتابند وچون‌دوجام‌شراب، درهم بیامیزند ، بزم عاشقان حقیقت که وادی عشق را در جان یکدیگر میپیمایند وهمنوا مستی میکنند ونغمه میسازند .

چه ساز وصحبت عالمگیری که هرچه فرار زمان باخود ببرد از شور نمیافتد!

دراین دیوان ، آرزوی دیرین‌ما برآمده یعنی دوشاعرملکوتی‌در یك بزم بهم آمیخته‌اند. آری‌شاعران آسمانی درزمین‌هم میتوانند ازیك پیمانه بنوشند واز می روان یکدیگر، سرخوش باشند .

آنانکه باهم نمیسازند هنوزساز ونواشان پخته وکامل نیست، چه سرمنزل‌مقصودیکی‌است،شاعران که رهروان کعبهٔ زیبائی ونیکیند، این طریق‌برخطررا جز بهمت ونور یکدیگرنمیتوانند برید . آنها که باهم درستیزند‌راه گم کرده‌اند یاجمال کعبه‌را بچشم دل‌ندیده‌اند وعشق‌وطلب ندارند . بزبان ، شعر میگویند اما بمعرفت واستغناء نرسیده‌اند وچون پای‌بند خودند، ازشوق‌آزادگی وتوفیق نیك‌بینی،ازاین درگاه بی‌نصیب

خواهند رفت .

آنکه محو ومجذوب زیبائی‌است، من ومارا نمیبینند ، جززیبائی نمیخواهد وبغیر نیکی نمیجوید ، ازغرب بشرق واززمین بآسمان بدنبال هرچه نیك وزیبااست سرازپا نمیشناسد . همه‌جا لطف وخوبی میبیندتا بمقصود برسد. وقتی‌رسید خودرامیگذارد وتسلیم معشوق میشود وبی‌پرده و پروای رسوائی، ناله‌های درسینه فشرده‌را سرمیدهد.

شاعر آلمانی که جهان علم و حکمت را میگشته و گنجینه ها میاندوخته وهمچنان واله و حیران درپی منظور پویان بوده ، ناگهان بحافظ ایران‌میرسد وچشم ودلش‌ازفروغ امیدبینا میشود. ازاسب‌سرکش نام وخویشتن‌بینی بزیرمیآید ودرپی پیرطریقت‌میافتد وجهان را ازصلای عاشقی و مریدی پرآوا میکند.

ترجمه خواه بانقش ونگار ویاساده وبیرنگ، برقعی‌است که‌بروی عروس‌سخن کشیده باشند. شاعرآلمانی کلام حافظ را ازورای این‌حجاب دیده و دلباخته، ای‌کاش دلداررا بی‌پرده دیده بود ...

بیچاره عاشق‌ازچشم بجز گوشه‌ای واز ابرو اشاره‌ای وازبنا گوش ودهان بغیراز نکته ونقطه‌ای ندیده ...

اما دلمان‌بحال عاشق‌نسوزد، لعبت‌خیال همیشه قشنگتر ودلرباتر از دلبری است که درچشم نشسته باشد . گوته با آن چند لطیفه که از صباحت یار دریافته ، محبوب خودرا آنچنان درضمیر، نیکو ساخته که بوصف وحدیث درنمیآید .

آری، حسن وافسون صنعت حافظ درخاطرشاعرآلمانی نه‌آن‌است که مارا مست ومسحورمیکند ، بلکه ساختهٔ ذوق آسمانی خود اوست.

آنچه شاعرغربیرا مفتون سخن‌سرای‌ایرانی کرده روح‌عرفانی‌است که این دونابغه را بربالهای‌خودبرگرفته ودراوج افلاك تلاقی‌داده .

اگر دوری خاور ازباختر وصدها سال‌دورفلك واختلاف زمان و مکان وعادات وملکات ومعلومات وهزار سد ومانع، این‌دوشاعررا ازهم جدا میکند ، ندای‌آسمانی درگوش این‌هردو بیك‌نغمه درطنین است ، هردو مجذوب عرفان وتشنهٔ حقیقتند .

خلق‌جهان چون قطرات سیلی آشفته ، از سرچشمهٔ مرموز خلقت بیرون‌میریزند ودرهم ، پیچان وستیزان بدریای نیستی فرو میروند.

دراین میان برخی باین زبونی وسرنوشت عام تن نمیدهند و از زمین‌بآسمان صعود میکنند ، میروندتا بحقیقت برسند . مشهودات مبهم مادی که همچواسباب بازی ، کودکان ظاهربین را خوش وراضی‌میکند، بدردشان نمیخورد .

رمزاین‌صنعت‌وخلقت‌رامیجویند وآن‌حقیقت وحالتی‌را میخواهند که دل دانارا ازاین سرگشتگی آرامش بخشد ، یعنی دنیائی‌راکه در آن رنج ابهام و اندوه تاریکی وآشفتگی نباشد.

اگر این جذبه وحال جزخیالی پریشان و هوسی بیش نبود ، در اینهمه بزرگان وبرگزیدگان گذشته وحاضر، دراقالیم مختلف، همه‌جا بیك‌صورت و احوال ظاهر نمیشد.

این عشاق حقیقت ، بغیر این آرزو و بیرون از این تجسس و تکاپو ، غایت و معنائی برای زندگانی نمی‌بینند و بعوالم عادی و آنچه همه‌را مشغول میکند ، خوش و ناخوش نمیشوند.

آنانکه بدین پرده راه ندارند، ازلذت شرب مدام عاشق بیخبرند

وبراوخرده میگیرند ، نمیدانندکه انسان گرفتارهم میتواند بارسنگین جسم‌را ولو چندلحظه، زمین بگذارد و درجمال آسمانی نیکی وحقیقت مطلق ، محو ومجذوب شود وبسعادت بی‌محنت و کمال مطلوب برسد.

رهروان این سفر براحوال یکدیگر آگاهند ، بیك نغمه‌هم را میشناسند وزبان ونگاه ونشان مرموز همدیگررا میفهمند. دراین سیر عرفانی ، گوته بهمراز وهمزبانی رسیده وسازهمنوائی پیدا کرده . آری شعرا ساز وترانهٔ این کاروانند وروندگان‌را دراین راه سخت، خوش و سرمست میکنند .

هردوساز که هم کوك شدند، ازآوای یکی دیگری بنوا میآید.

چنگ‌حافظ با ارغنون گوته جفت‌آمده وتارهای جان‌صاحبدلانرا بشور و غوغا درآورده.

وقتی‌شاعر شیفته، درعشق‌جمال‌نیکی وحقیقت فناشد، ازاین‌چشم وگوش که ما داریم بیگانه میشود، درآسمان‌خیال، زیبائیها می‌بیندواز ساز فلك ، شورها میشنود که بزبان بشر درنمیآید. این ساز وشور که‌ما از شاعر آسمانی میشنویم ، بگوش نامحرم ما انعکاس درهم و مبهم و پراکنده‌ای ازآن احوال بیش نیست ، ولی گوته که خود درآن حال و محرم اسرار است ، از اشارات ونکته‌ها وبریدگیها وفغانها وسکوتهای ساز حافظ دستگاههای کامل شنیده و رازهای نهفته دریافته که درشرح و تفسیر هیچ گوینده وعارفی ندیده وگرنه بیگمان شاعر دانای غربی از کردار و گفتار بزرگان صوفی‌شرق وغرب ، باخبربوده وازروش‌سالکان طریقت که بتفصیل‌آورده‌اند ، وقوف کافی‌داشته .

شاعرعالم که بادلی آسمانگرد وفارغ ازبندعلم واستدلال ، عقلی

پای‌بند منطق ودانش داشته ودرونش از جنگ این‌دو ، خسته وفرسوده بوده، ناگهان‌حل معمای خودرا بدست حافظ ما میبینند که‌عقل‌را رام دل کرده ودل‌را بآئین عقل درآورده وبصلح درونی وآرامش رسیده .

تسلیم علما بقساوت وبیشعوری طبیعت و انکاری که از مشاهدات وکشفیات و آرزوهای دل دارند گوته را قانع نمیکرده ونیز رد عقل و محسوسات راکه دل‌پرستان میکنند نمی‌پسندیده ، تنهاحافظ را می‌بیند که ازراه عقل، سعادت دل‌را تأمین کرده وبهدایت دل، عقل‌را به‌عیش و آرامش رسانده .

پس‌از آن فغان وحشتناك «که عشق آسان نمود اول ولی افتاد مشکلها ، میشنود : « صبر کن حافظ بسختی روز وشب ـ عاقبت روزی بیابی کام را» . اوهم صبرمیکند وهمه‌جا بدنبال حافظ میرود و مراحل کمال‌پیرطریق‌را پیروی دارد تاروزی مژده میابدکه :«دوش وقت‌سحر ازغصه نجاتم دادند ـ وندران ظلمت شب‌آب حیاتم دادند ..» تاآنجا که سروش غیبی بگوشش‌فرامیرسدکه : «ماشاخ درختیم پرازمیوهٔ توحید ـ هررهگذری سنگ زند باك نداریم . »

درطول این راه‌کمال ، هیچ منزلی نبوده که حافظ در تاریکی موهومات ، گرفتار وازنور عقل محروم باشد، یازمانی‌نشده که از باغ‌دل بدرآید وبکارگاه بیروح عقل بیفتد .

عارف غربی‌ما که دل بی‌عقل‌را دیوانه میخواند وعقل‌بیدل رامایهٔ شرمساری میداند ، از الفت ویاری این دو گوهر خرد دروجود حافظ ، ذوق کشف ووصال یافته وچون‌خود، شاعر وصنعتکار است وروحی شیفتهٔ هنر وزیبائی دارد ، ازخلال برقعی که بروی صنعت حافظ کشیده ، این

همه جمال‌را بالهام شاعری دریافته ، مست ومفتون و مرید شده وهمچو سازی که ساز موافق بشنود ، بشور ونوا درآمده‌است .

تا راه آسمان بازاست این همنوائی وهمراهی بجاست و همواره روان زندهٔ این‌دو شاعر عارف ، درصحبت و عشرت خواهند بود . اگر بگوئید روان زنده ، صورت زیبای آرزوی ما وجملهٔ شاعرانه‌ای بیش نیست ، اگر بگوئید پس ازویرانی تن، زندگی‌روح بپایان‌میرسد ، چه جواب بگویم ، اما میگویم و شماهم میپذیرید که آثار وجودی هیچ موجودی‌معدوم نمیشود: این‌نور که هزاران هزار سال است ازستارگان درآمده،هنوز درتابش‌است وپس ازویرانی آن اختران بازتاابد برجهان خواهدتابید؛این صدا که امروزمیتوان به‌بند گرفت ونگاه‌داشت، موجی است که پیوسته درفضای بی‌منتها شناور خواهدبود .

هرفکر وتصوری که درنهاد ما نقش میبندد، درآئینهٔ ابدیت‌میافتد وهرگز محو نمیشود ، یعنی هرموجودی که بجهان میآید، همچوسنگی که دراقیانوس بیکران وجود افتاده باشد ، خیزابها پدید میآورد که تا دنیا هست گسترده خواهد شد ، یعنی هیچ بودی نابود نمیشود ، و البته روزی خواهد رسید که بوده‌ها را بتوان بدام دانش گرفت وشاید موجود رفته‌ایرا دوباره بازآورد .

فرض وآرزو که محال نیست ، چرا نبینم که این دوستارهٔ‌درخشان دراوج فلك بهم رسیده و یکدیگررا درآغوش کشیده باشند ، ازحال و روزگار وماجرای‌سفرهای‌علوی‌یکدیگر بپرسندوازشادی وصال، بگریند وبخندند وسرود خوانان‌بزمی‌بپا کنند که افلاکیان ازشوق ونشاط ، سر از پا نشناسند وجامهٔ شکیب بتن بدرند .

وقتی آتش شوق زبان فرو کشید ، گوته باچشمی چون دیدگان عاشق ، نیازآلود ، مینالد که : ای ارغنون آسمان، ای‌باغ بهشت ، ای چشمهٔ‌عشق، ای رهبر گمشدگان، ای دستگیر افتادگان ، من‌بقدرهمت از خرمن احسان تو چیدم واز منبع‌خاك درت آب حیات نوشیدم ، اما بصفای دل سوگند که تاهستم بدیدارت آرزومند و بحدیثی از آن گنج حکمت نیازمند خواهم بود . برمن زندی بخوان و نکته‌ای بیفشان که ازآن بهی زاید وخوشی ببارآید .

حافظ باچهره‌ای ازشرم خوبی چون ماه‌فروتن، شورانگیز، زبان محبت میگشاید که : ای‌فرزندارجمند، من وتو ازیك‌جام پیموده وبیك ساز و شور پرورده‌ایم. اماچون من پیش‌از تو باینجا رسیده ودرآسمانها بیشتر گشته‌ام، دریغ‌نیست که ازآنچه دیده وسنجیده‌ام باتوحکایت کنم : این سقف وستون عرش بلند، اندیشه وآرزوی نیکی‌است که درنهادبشر سرشته ، این‌بهشت صفا وآرامش ، همه کار و کشتهٔ خوبان واین آسمان رخشنده که این‌همه ماه و خورشید در آن جا گرفته ، دل پاکان است . ولی نه‌تنها نیکان درآسمانند‌بلکه درهردل نیك ، هر کجاباشد، آسمان بااین‌همه زیبائی وصفافرو میآید تاروزیکه اهل‌عالم همه چراغ نیکی‌را که دردل دارند ، بیفروزند و زمین وآسمان را یکی کنند .

دوای‌دردهاهمه نیکی‌است، هرچه انسانی‌برای خوشی وآسودگی خود بیندیشد و آماده کند ، اگر با نکوئی آمیخته نباشد ، حاجت و دردی‌است که بردردهای خود افزوده‌است .

عاشق اگرنیك نباشد دشمن معشوق است وحاکم اگرنیك نباشد گرگ گوسفندان است . بمنزل‌سعادت جزاز راه رحم واحسان ، نشانی

نیست. آنانکه براستم وبیداد میروند، گمراهند وجز بروز سیاه بجائی نخواهند رسید. هرمسلک وروش اگر بطریق نیکی وانصاف نرود، بندگان خدارا بشقاوت وتیره‌بختی میبرد ، چراکه ازستم بغیرستم نمیزاید واز جفا وجور، خوشبختی وآسایش بدست نمیآید.

افلاکیان ازاین‌حسرت درتب وتابند که چراهنوز نیکی، زمین‌را فرانگرفته ، چرا هنوزنمیدانند که باید نیکی‌مطلق‌را برخود فرمانروا کنند تادربهشت بیاسایند ، نه علم واسباب و قدرت را . ای افسوس که میترسم بارگناه آنانکه زبان و قلم دارند وبرادران خودرا ببدبینی و بدخواهی وسخت‌کشی رهبری میکنند، از هرعصیانی گرانتر باشد...

آه وفغان گوته برخاست که : ای پیرطریقت ، ای‌مراد ورهنمای نیکان ، مرا ببخش که گناهم سنگین است ! « ورتر » من نمیبایستی از خویشتن‌پرستی ، خود را کشته و معشوقرا بدام بلاگرفتار کرده باشد . آوخ که چرا عاشق آنچنان نیك‌نبود تابار غم‌را بنیروی نیکی، تنها ببرد و بردل معشوق غباری نگذارد !

آری ، عاشق اگر نیك نباشد، دشمن معشوق است ..

حافظ روحانی باچشم گریان ولب خندان گفت : ای یارجانی ، تشویش مکن که صفای بهشت ازخاری بهم نمیخورد.

دیوان شرقی‌را «گوته» شاعرآلمانی ، درستایش‌حافظ سروده .

درافسانهٔ « ورتر » که ازهمین شاعراست ، عاشق چون بوصال نمیرسد خودکشی میکند و دل معشوق‌را میسوزاند.

عشق پیران

جوانان، تصویرخوشیرا باقلم آرزو آنقدر پر نقش و نگار میکشند که جانشان از حسرت آب میشود. خیال میکنند حالی از این سخت‌تر نیست که آرزومند در آتش حرمان بسوزد. مدام از رشك وحسد در تب و تابند واز درد وخواهش وتمنا ناله سرمیدهند، نمیدانند که مایهٔ خوشی آرزومندی است، باور نمیکنند که روزی‌هم جز درد وسوز آرزومندی آرزوئی نخواهند داشت.

پیر دارندهایرا در اروپا میشناختم که درد وبلارا بجان میخرید، شکایت میکرد وآه میکشید که زندگی بمذاقم طعم ومزه ندارد، دیگر ازتماشای روی‌خوب نمیلرزم، ازدیدن‌دلبری که در دست دیگری‌باشد، خون‌بسرم نمیریزد ونفسم تنگ‌نمیشود. از باغ وکاخ ولباس‌فاخر وجشن وسور بدم میآید، ازخوراکی نفرت دارم. میگفت نمیدانم چرا فقیراز تنگدستی شکوه میکند، چرا قدر گرسنگی‌را نمیدانند! آن لذتی‌را که از شنیدن بوی غذا میبرد، من بهرچه دارم میخرم، آن زجری را که مردناکام از گذشتن‌دلبری‌میکشد، من بهرچه ازعمرم باقیمانده‌خریدارم. زندگی که در آن‌شوق وسوز خواستن نباشد، مرضی‌است دردناك که بغیر

مرگ علاج ندارد.

بنابدستور طبیب، برای تحریك قوای حیاتی ودماغی آن مرد، همیشه یك‌دختر زیبا مأمور بود که شبها دراتاقش بخوابد ولی او اغلب ایرادی میگرفت و دختررا بیرون میکرد. باز فردا دختر خوشگلتری بجای‌او میگذاشتند. یکشب که دخترطناز ومهربانی‌نوازشش میکرده، ناگهان‌پیرمرد ازجا میجهد وفریاد میکند که برو!... ازنظرم دورشو! بیش‌از این طاقت ندارم، تو اسباب شکنجهٔ منی، یاد جوانی و آتش خواستن‌را بخاطرم میآوری وعذابم میکنی! پیش کوراز گل وچمن‌صحبت کردن، جان بیچاره‌را بلب میرساند... برو، دورشو، بگذار ازغم بیرغبتی و نخواستن بمیرم...

دختر میرود وپیرمرد را پس‌از گریهٔفراوان، خواب میبرد. ناگه دردل شب، ندائی آسمانی بگوش پیرمرد میرسد، درخواب و بیداری می‌بیند یك کشیش روحانی‌صورت فرشته، لبخندزنان بربالینش‌ایستاده! خیال میکند وقت رحیل‌است وراهب برای گرفتن‌اقراروبخشیدن گناهان آمده. آهی میکشد ومینالد که برای مردن حاضرم، گناهانم آنقدر زیاد است که باقرار درنمیآید اما باوجود این، پیش رنجی که ازپیری و بی‌عشقی کشیده‌ام هیچ است...

کشیش فرخنده باصدائی جانفزا چون آواز بهشتی، میگوید: شادباش که ازعالم بالابرایت‌یك‌جهان ذوق‌خواستن وحیات‌تازه آورده‌ام، کامی که ازاین پس ازدنیاخواهی گرفت، پیش‌عشقهای زمینی، تاآسمان بلندتر وخوشترخواهد بود، برخیز وبکار عشق‌بپرداز. آری خوب کردی آن دختر زیبارا ازخودت راندی، روح و دل‌آندخترمال تونبود، جسم

بیدل و جان ، هرقدر جمیل و خواستنی باشد ، مرده‌ایست ، با مرده نمیتوان‌خوش بود. اکنون‌دل وروح فرشتگان‌رحم ودلجوئی ودستگیری ویتیم نوازی ، بعشق‌تو درانتظارند ، روح زنده بهترازجسم بیجان‌است، عشق وتفریح‌تو بعدازاین روحانی‌خواهد بود. برخیز که ملك‌نیکوکاری تورا میخواهد، عیشی‌برایت ترتیب کرده که خاکیان ازآن محرومند. برخیز، برخیز ونیکی کن ،کار تو ازاین به‌بعد نیکوکاری است. بشتاب وازاین تفریح آسمانی برخوردار شو ...

پیرمرد برمیخیزد وچراغ‌روشن میکند،می‌بیند کشیشی بتابندگی ماه ، لبخندزنان بربالینش‌ایستاده ، دستش‌رامیگیرد ومیبوسدومیگوید: تو بیشك از جانب خدائی ، حرفت دردلم نشست ، از وجد نیکوکاری دوباره جوان وآرزومند شدم ، دنیا باز پراز کام ونشاط و شادمانی شد، هرچه دارم ، دراین‌عیش وتفریح نثارخواهم کرد بشرط آنکه توهمیشه با من و راهنمای من باشی ...

آن راهب روحانی همان دخترطناز ومهربان بودکه درد پیر را دریافته وبآن‌لباس ، بعلاج آمده بود .

پیرمردمکنت خودرا بدستور آن کشیش‌حورپوش،صرف‌نیکوکاری ودستگیری‌مستمندان کرد وباقی‌عمر را هرصبح باهزارعشق وآرزوبیدار میشد وهرشب غرق رضایت وخوشدلی میخوابید .

آری در پیری با روح میشود عیش کرد نه با جسم .

عقیده دیگری

درتماشاخانهٔ تهران نمایشی داده میشد که جالب توجه وموضوع گفتگوی محافل شده بود . همچو اتفاق افتاد که با شخصی ازآشنایان، چند روز متوالی درمجالس مختلف حاضر بودم . همینکه صحبت ازآن نمایش بمیان‌میآمد . شخصیکه خودرا مجبور میداند ازهر مقوله اظهار اطلاع کند ، درآنخصوص بحثهای طولانی میکرد وچیزهائی میگفت که من مختصری ازآنرا برای شما میگویم :

بار اول درخانهٔ مرد محترمی بودیم که نمایش‌را دیده وپسندیده بود . آنشخص ناطق سخن را از دهان صاحبخانه گرفت وشرح‌مبسوطی درفضایل نویسنده بیان کرد . میگفت این نویسنده از رفقای صمیمی من است : باید حتماً او را با شماآشنا کنم ، بخانه احدی نمیرودولی بهرجا که من بگویم میآید . این نمایشنامه را پیش‌ازآنکه بازی کنند بمن نشان داد و کمك خواست وچون بسیارمنصف وعاقل‌است ، نظریات مرا بکار برد واین شاهکار را بوجودآورد .

درمجلس دیگری ، یکی ازحضار گفت من هنوز این نمایش را ندیده‌ام ونمیدانم چطور است ، بعضی‌هامیگویندخوب است اماتشخیص

مردم غیروارد بکار ادبیات وهنر ، بدرد من نمیخورد ، ریزه‌کاریها و معایب ومحاسن صنعت را اهل فن درك میکنند وبس .

شخص ناطق که درآن مجلس هم‌بود ، سینه را صاف کرد ومدتی آن نمایش را مورد انتقاد وایراد قرار داد. گاهی هم میگفت « اما از حق نباید گذشت ، فلان حسن راهم دارد .» لکن پس ازآن یك‌حسن، ده‌عیب میشمرد و وسعت اطلاعات خود را از ادب و هنر ، و رجحان فضایل خود را بر معلومات نویسندهٔ نمایش‌نامه ،آشکار میکرد .

در محفل دیگری بودیم که وزیری حضور داشت . پیدا بود که ناطق با او کار دارد واز اوخیلی ملاحظه میکند. وقتی صحبت نمایش بمیان‌آمد ، از وجنات وکلمات وزیر معلوم شد که نمایش را دیده و در خوب وبدآن‌قضاوت کرده‌لکن ازابرازعقیده‌خودداری میکند ومیخواهد عقیدهٔ دیگرانرا بداند .

کار ناطق مشکل‌شد زیرا هرچه کرد نتوانست‌میل‌وزیر رااستنباط کند ، ازاین‌شاخ بآن شاخ‌میپرید‌وحرفهای دوپهلو میزد . وزیردنبالش میکرد وحرف آخر را میخواست ، اوهم میگریخت و دم به‌تله نمیداد تاآنکه وزیر تبسمی کرد وموضوع دیگری بمیان‌آورد .

یکی دوبار دیگر هم ازهمان ناطق . عقاید مختلفی راجع بآن نمایش شنیدم وهیچ تعجب نکردم زیرا او درضمن صحبت ,از نمایش ، اغراض ومقاصد شخصی خود را درنظر داشت لکن وقتی دو سه نفر از مردمان حسابی راکه درآن مجلس حضور داشتند ، جای دیگر دیدم و شنیدم که هر کدام عقیدهٔآن شخص ناطق را راجع‌بآن نمایش گرفته‌اند و باهم درعقاید مختلفیکه دارند مباحثه میکنند تعجب کردم .

برمردم عادی که‌عقاید خود را ازدیگران میگیرند بحثی نیست
اما جای شگفتیست که مردم صاحب تمیز چرا اغلب در فهم و قضاوت ، قوهٔ تعقل را بیکار وتنبل میگذارند وافکار وعقاید خود را از دیگری عاریه‌میگیرند ! بهوش باشیم که رندان عالم از این تنبلی ما استفاده‌ها میکنند و دنیا را بمیل و ارادهٔ خود وامیدارند .

پیراهن معشوق

معشوقم هر روز میپرسید این پیرهن چطور است ، میپسندی ؟از این مد خوشت میآید ؟

گولش میزدم ومدتی پشت و روی لباس را براندازمیکردم و در نکات برش و دوخت ونقش ونگار پارچه وارد گفتگو میشدم اما حواسم جای دیگر بود ، نه میفهمیدم چه میگویم و نهذرهای باین صحبت دل میدادم .

یك شب کهمفتون پیرهن شبپرهای بودم ومثل بچهاذوق میکردم و دست میزدم وعبارتهای بچگانه میگفتم، معشوقم نگاه دراز پر ملالی کرد وآهی کشید که پروانه را فراموش کردم .

گفت توکه بقشنگی شبپره اینطور نگاه میکنی و دل میبازی چرا پیرهن مرا نمیبینی ؟ خیال میکنی من نمیفهمم که گولم میزنی ! سرسریچیزی میگوئی کهدلمراخوش کرده باشی ، ازچشمهایتپیداست که فکرت جای دیگر کارمیکند ، نمیدانی چه میگوئی، بارها تعریف بیخودی بدهنت گذاشتدام وتو نفهمیده همان حرف بیمعنی را گفتهای ! بخودم میگفتم تقصیرش نیست ، مرد ازپیرهن چه خبردارد ، ازقشنگی

لباس ما چه میفهمد ، حواسش پی‌کار و زندگی است . نگو که پیرهن قشنگك را میبینی و ازشوق بی‌تاب میشوی بشرط آنکه تن من نباشد...

یك لحظه ترسیدم وساکت شدم ، خیال کردم که حق با اوست ، اما زود فهمیدم که اینطور نیست ، گفتم من لباس‌شب‌پره و گل رادوست دارم ، نه گل وشب‌پره را ، من تو را دوست دارم نه لباست را ، تو هر چه بپوشی ، قشنگی ، اگر نپوشی قشنگتری ، آنکه بتواند روح گل‌را ببیند و دوست بدارد ، دیگر برنگك و بوی گل چه احتیاجی دارد ... من از زیبائی روح توچنان مستم که نزدیك است حتی‌تنی از تو نخواهم.

تبسم محزونی کرد وآهسته گفت « نمی‌خواهم روحم را دوست داشته باشی ، خودمرا دوست داشته باش وبه پیرهنم نگاه کن .»

چگونه شاعر شدم

میپرسید چگونه شاعر شدم . یادم نیست چگونه وچه وقت‌شد ، اما یقین دارم آن لحظه که حس دوستی کردم شاعر شدم . اول بار که ازفراق دایه گریستم و درسینه‌اش‌آویختم ، شاعری کردم . کیست که نگریسته وشاعری نکرده باشد .

همینکه دلی ساخته شد ، روشنگران از آسمان فرو میریزند و سرود گویان وپای کوبان ، ازآتشکدهٔ عشق ،شمعی‌میبرند و درآن‌خانه، نور و سوزی بپا میکنند . دنیا دیدنی میشود ، پرده‌ای بیکران پدید میآید که درهر نقش وخالش هزار دام و دلبری است .

صبح زندگی که صورت جهان‌درحریرسپیده دم ، محو ومبهم‌جلوه میکند ، هر کس چهرهٔ آرزوی خویش را درآن میبیند وعاشق میشود ، ازصبا عطربار میشنود ، درترانهٔ مرغان نوید و ذوق وصال ونشاط امید میخواند و رقص کنان بجستجو وتکاپو میرود . بر فرش چمن ، میان گلها ، درخلال شاخساران ، درآب صافی ، برسرسپیده کوه بلند ،روی ابرها ، درچشمهٔ خورشید، برسقف‌فلك ، در دورگاه خیال وهرجا که با صفا است معشوق را میبینند . کجاست که درصبح زندگی بی‌صفاست ؟

خوبان هزارها غزلخوان ولبخند زنان ، عاشقرامیخوانند وبرسر راهش مینشینند . او هرلحظه با یکی میپیوندد و از دیگری میبرد و بهیچیك دل نمیدهد ، آنرا میخواهد که در دورگاه خیال ، نقش بسته ! میرود تا بیار برسد ، خوشیها را زیر پامیگذارد و از باغها و سبزه‌ها میگذرد ، بیابانهای سوزان را با پای تمنا طی میکند ، با غولان دست بگریبان میشود وهزار بلا بجان میخرد وگمشدهٔ بی نام و نشان را در پهنای جهان میجوید، اما افسوس که هرچه میبابدآن نیست که‌میخواهد وهرچه بیشتر میرود ، یار دورترمیشود .

آری ازصبح زندگی تابشام ، شیفته و پویان میرویم ، افتان و خیزان خود را میکشیم تاهمچنان ناکام ، درآخر بغروب‌خونین میرسیم. در این سفر سوز وحسرت ، مقصد ومحرك ما شعر است و خیال . مگر حسن ومحبت یا مال‌ومقام‌جز وهم وخیال چیزی است ،مگر وهم وخیال شعر نیست ؟ هرچه را دل بخواهد شعراست وماهمه اسیرخواهش‌دلیم .

آنها که عاقلند و بدنبال جاه ومکنت میروند ، خاطرشان ازحال شعرا برقت میآید . میگویند این بیچارگان چرا عمر شریف‌را صرف موهوم میکنند ، چه ابلهند که حقیقت را گذاشته‌اند و در پی سایه میدوند ! اما نمیدانند که خودشان هم شاعرند وآن دانهٔ الماس گرانبها یا عنوان‌پرصدا راکه میپرستند نیز شعراست وخیال وباهمه مال ومنال و عز وتفاخر ، جز باد ، چیزی بدست کسی نیست .

آنکه درطلب جسم وماده یا نام وشهرت تقلا میکند با آنکه در آسمانها درپی فکر وقافیه یا مهر ومحبت میتازد، درشاعری وخیال بازی یکسان‌است ، هردو عاشقند واز تصور وگمانی، خوش وناخوش‌میشوند.

آری همه عاشقیم واز رنج محرومیت یا امید کامیابی ، درونمان پر از غوغا است . دایم بزبان دل‌شعر میگوئیم و شکوه وشکایت یاشور و مستی میکنیم. هرآه که میکشیم ، هرنگاه‌حسرت ودوستی که میکنیم ، هرناله و فریاد که در سینه نگاه میداریم ، هرقطره که از دیده فرو میریزیم ، شعریست نانوشته ، ایکاش اینهمه سوز دل برصفحهٔ گیتی نقش میبست تا از حال دلها خبرمیشدیم ، این شعرها که بخاطر دیگران گفته میشود شعر نیست .

غرض ، هرکه دل دارد شاعر است ، منتها بعضی اشعار خود را ضبط میکنند و باقی بباد میدهند ، منهم تا بیاد دارم شاعر بوده‌ام و از این‌حیث با دیگران برابرم . اما اگر بپرسید چرا وچگونه بار خاطررا بکاغذ سپردم وآرزوها را درلفافهٔ ظاهرسازی بحکایت درآوردم ، شاید بتوانم نزدیك بحقیقت جوابی بدهم .

شب دوم بود که بشهر برلن رسیده ودر مهمانخانه‌ای منزل کرده بودم ، گفتند امشب جشن هیجدهمین سال تولد «ویولا» است شماهم از ما باشید .

ویولا دختر صاحبخانه بود ، قد بلند و موی فراوان و صورت کشیده‌ای داشت . هر اسمی باو میگذاشتم برای شما تفاوت نمیکرد ، اما من‌اسم حقیقی‌او را گفتم ویك جهان یاد خوش ودردشیرین درخاطره انگیختم .

ویولا مثل سرو روان هرلحظه در آغوش یکی میرقصید ودلها را بوزن و مقام حرکات خود به تپش میآورد . با همه بنوبت میرقصید اما وقتی درآغوش «پل» بود پرواز میکرد . گوئی‌ماه از زیر ابر بیرون آمده

باشد، صورتش روشن ودرخشان میشد .

همه میرقصیدند جز مردی که در کنجی نشسته بود وتماشا میکرد. دیدم میان او ودختر رازی است: از چشم یکدیگر میترسند اما دزدیده بهم نگاه میکنند . هردفعه که ویولا و پل نزدیك او میرسیدند ساکت میشدند ، او هم چنین نشان میداد که بجای دیگر مشغول است ، لکن بیقراری درچهره‌اش هویدا میشد . از دلم گذشت که این مرد ، شیفتهٔ دختر ودختر دلباختهٔ آن پسر است. ازآن ببعد معنی هرنگاه وحرکت آن سه عاشق را میفهمیدم وناله و شکایتهای پنهان را میشنیدم ، گوئی ترجمهٔ غزلی از سعدی میخوانم ، چنان مست شدم که آرزو کردم بشود هرچه رنج عشق است ازآن سه نفر بدل بگیرم وهرسه را خوش کنم !

آن شب، آتشی در وجود من بپا شد و افکار و اشعاری در سینه‌ام بجوش آمد که ازآن بیخبر بودم . شب تا صبح بیدار ماندم ودر جنجال خیال، برای نجات عشاق ، راه‌چاره میجستم : آنمرد رئیس اداره بود و محترم اما پل بیست ویکساله بود وزیبا. هرچه درترازوی عشق ، سنگ عقل و فضل و دارائی میگذاشتم ، باز کفهٔ جوانی میچربید .

فردابعداز ناهار درسالن جمع بودیم ، آنمردعاشق که نامش هانری بود بازبانی شیوا چندان ازیك نویسندهٔ انگلیسی تعریف کرد که ویولا فریفته شد ، گفت اگر ازاو نوشته‌ای دارید برایمان بخوانید .

چشم وابروی «پل» به‌پیچ وتاب افتاد . هانری از جاجست ورفت کتابی آورد وبنای خواندن گذاشت «پل» انگلیسی نمیدانست ، هرچه قرائت بیشتر طول میکشید ملولتر میشد وهردفعه که «ویولا» ازخشنودی تبسم میکرد یا سری فرو میآورد، بخود میپیچید. میان دورقیب جنگ

بود و در آخر فتح با هانری شد .

عصری در دهلیز عمارت تلفن میکردم ، مرد عاشق با دسته گل باشکوهی آمد و پشت در اتاق ویولا لحظه‌ای مکث کرد . مثل اینکه میخواهد وقت بگذراند ، باتأنی گل را ازدست راست بدست چپ داد و کراوات را مرتب کرد. ناگهان پل‌رسید و گفت دسته گل‌را برای ویولا آورده‌اید ؟ متشکرم ، بدهید بمن برایش ببرم .

گل‌را چنانکه از روی میز بردارند از دست او گرفت ودر زد و داخل اتاق ویولا شد .

عاشق ناکام پس‌از آنکه مدتی‌در انتظار ایستاد وجوابی نیامدمتوجه من‌شد وخجالت کشید ، گفت‌اجازه میفرمائید تلفن کنم؟ گفتم بفرمائید.

تلفن‌را بدستش دادم ورفتم ، لحظهٔ بعد آهسته ازپشت پرده نگاه کردم ودیدم بیك‌دست گوشی‌تلفن را پائین نگاه داشته ، دست دیگرش بدیوار وسرش روی آن‌دست است ، سیل اشکش‌را درخیال دیدم ...

آرزو کردم که قدرت داشتم : میگفتم پل‌را از اتاق ویولا بکشند وبدورترین کشور آمریکا ببرند ، سلطنت آن کشور را باو بدهند وصد دخترهمچو ماه نثارش کنند تا ویولا از یادش برود.

ویولا را بهانری میدادم وآنقدر جواهر بپایش میریختم تاپل‌را فراموش کند ...

چون‌چنین قدرتی نداشتم ، بخیال‌آنکه خوبی‌از خوشگلی زیباتر است ، عاشق ناکام راآنقدر بصفات‌خوبی وجوانمردی آراستم که ازجوان قشنگتر شد : «هما» را نوشتم .

قهر و آشتی

چرا از هم قهر کردیم ؟

من اول خیال میکردم تقصیر تست : آنروز وقتی با من حرف میزدی نگاهت جای دیگر بود یا اگر نگاه میکردی فکرت پیش من نبود ، ازترس بوسه صورتترا عقب میبردی وسرترا ازمن میگرداندی .

منهم به بهانه‌ای برخاستم و از تو دور نشستم و چشم و صورتمرا بیصفا کردم ، غزلجان پرور عشق را گذاشتم واز این آن صحبت بمیان آوردم ، دیدم که‌توهم راضی وراحت شدی ! دلم تپید ... گلویم ازغصه گرفت ...

درد عشق‌را هرچه زیادتر کنی‌خوشتر است : صحبت را بگفتگو کشاندم ، توهم کمك‌میکردی ، آنقدر ازدوطرف کشیدیم تارشته گسست ومن قهر کردم . مثل‌اینکه لب پرتگاهی ایستاده باشم ، سرم گیج‌خورد وافتادم اما دستم بطرف تو دراز بود که بگیری ، فریاد میزدم که نگاهم دار ! شاید شنیدی و خواستی نگاهم داری ، اما نتوانستی ، یا آنکه نخواستی ... آری دیدم که ازاین جدائی خرسندی ...

رفتم وهمینکه بهوش آمدم صدای گریهٔ دلم را شنیدم ، اما عقلم

شادی میکرد ومیگفت چه خوب کردی بریدی ، چه بار رنجی‌را بزمین گذاشتی! کسی که تورا نخواهد مثل باقی اهل دنیاست، از دوست باید کشید نه ازمردم بیعلاقه ...

توچه گناهی بمن گرفتی؟ وقتی‌ازمن قهر کردی چه حالی‌داشتی، آیا در دل تو هم سرشك سیبارید؟

من زار ونالان بودم اما عقل را که میشناسی ، یك‌جوررحم‌ندارد برای راحت ما از هیچ بی انصافی و خرابکاری خودداری نمیکند ! از تو بدها گفت وبهتانها زد ، لکن چون دید که دردلم نمیگیرد ، عاقلانه دوائی اندیشید :

گشت و بجای تو یکی پیدا کرد که بگمان او ازتو بهتر بود . شاید هم ازتو خوشگلتر بود اما مثل تو نگاه نمیکرد ، مثل تو حرف نمیزد ، عیبهای صورت تو را نداشت ، آن زبانیرا که من و تو با چشم صحبت میکردیم نمیدانست ... هرچه در او ترا جستم ندیدم ...

فغانم برخاست ، خوبیهای زمین و آسمان در نظرم پست شد و فهمیدم که‌بجز تو درعالم‌خواستنی‌نیست،آتش‌عشق ازسرم‌شعله‌میکشید .

شرم وخودبینی وعزت نفس را زیر پا گذاشتم و آمدم که بپایت بیفتم ، آمدم که پوزش بخواهم ، التماس کنم ، اشك بریزم ، خود را بخاك بکشانم .

اما وقتی روی گشادهٔ تو را دیدم مثل این بود که در بهشت را بخاطر من گشوده‌اند وتو درمیان‌بهشت بانتظار من ایستاده‌ای ومرا بعشق وصفای ابدی میخوانی ...

وه که ازآن قهر وآشتی ، عشق ما چه خوشتر و گرمتر شده !

گناه‌آن قهر را تو بیخود بگردن من میگذاری ؛ منهم بیخود دست وپا میکنم وآن تقصیر را بتو میبندم ، راستی این است که بی مشورت من وتو دلمان ازپیش خود این اسبابرا فراهم چید ومیخواست از این قهرو آشتی‌براین عشق ،آبی بزندوآتش‌فرونشسته‌راشعله‌ور کند.

افسوس که نمیشود باز گول دلراخورد و گرنه چه خوب بود هر روز قهر وآشتی میکردیم .

خط فارسی

تاآنجا که من میدانم ، زبان فارسی یکی‌ازآسانترین وتواناترین زبانهای دنیاست . با وجود کمال سادگی میتواند پیچیده ترین افکار وپنهان‌ترین احساساترا بیان کند، اینهمه که بیگانگان وحتی‌خودمان ازمشکلات این زبان‌میترسیم ، ازلباس نامناسبی است که برآن‌پوشیده. خط عربی اگر برای زبان عرب کسوتی برازنده باشد ، زبان ساده و زیبای‌پارسی‌رادرلباسی چنان عاریتی‌ونارسا گرفته وبه‌پیرایه‌هائی‌چندان زائد و ناموزون مقید کرده که بنظر مهیب میآید .

راست است که عدهٔ زیادی لغت عربی با فارسی مخلوط شده اما لغتی که بزبان دیگری میرود ، از حیث تلفظ وحرکات ومعنی تابع‌آن زبان میشود چنانکه ما صندوق راکه عرب بضم ص تلفظ میکنند ، بفتح ص میگوئیم ومشعوف راکه عرب بمعنی دیوانه‌وشیفته استعمال‌میکنند، بجای خوشوقت بکار میبریم .

عرب نیزآبریز ما را ابریق کرده وچادر را شوذرمیگوید .جای تعجب است که اینروزها بعضی اصرار دارند که پاره‌ای کلمات عربیرا با حرکاتیکه‌آن‌کلمات در زبان عرب دارند تلفظ کنند وبهیچوجه‌متوجه

زشتی آهنگ نمیشوند زیرا باین نکته التفات نمیکنند که هر زبانی آهنگ وموسیقی خاصی دارد وکلمات بیگانه را بآن آهنگ در میآورد .

دیگر آنکه آیا با تمام لغات عرب که بزبان فارسی آمده باید همین معامله را کرد یا با بعضی ؟ آیا سایر لغات اجنبی را که اززبانهای دیگر گرفته‌ایم نیز باید بتلفظ اصلی که در آن زبانها داشته‌اند تلفظ کرد؟

ازحرکات گذشته، تکلیف ما مثلا با ذ و ز و ض و ظ چه خواهد بود ؟ آیا این حروف را باید مثل عرب تلفظ کنیم یا همه را بنا بطبیعت زبان فارسی «ز» بگوئیم ؟

اگر ناچاریم اینها همه را «ز» تلفظ کنیم پس چرا در نوشتن باید گرفتار حروفی باشیم که صدای خود را پیش ما از دست داده !

بعلاوه ، ترکیب حروف عربی با یکدیگر و از هم جدا بودن بعضی ازحروف یک کلمه و درهم شدن قسمتی از آن باکلمهٔ دیگر و از همه بدتر نبودن برخی از حرکات درجزء حروف ، کار تعلیم ما رابسی مشکل کرده بطوریکه برای درست خواندن ونوشتن سالها باید زحمت کشید وباز هیچ با سوادی نمیتواند کتاب فارسی را روان بخواند وباین علت بسط و تعمیم معارف بمعنی حقیقی با خط کنونی دشوار و شاید غیرمقدور باشد .

بعقیدهٔ من زبان فارسی باید بدلایل بسیار ، بخط لاتین که معمول دنیای متمدن است نوشته شود تاهرطفلی بتواند پس ازچند روزآموختن بی‌غلط و روان بخواند وباقی فرصت را بکسب علم وادب بپردازد .

در اینصورت خارجیها نیز که خط ما را معادلات ریاضی مینامند

وازآن میگریزند ، بفراگرفتن زبان آسان وادبی ما راغب خواهندشد و بر شهرت ادبیات وافتخارات ما خواهد افزود .

چه بسا دانشمندانیکه بنقایص و اشکالات این خط معترفند اما میترسند که اگر الفبای ما تغییر کند ، گنجینهٔ کهن و گرانبهای دانش نیاکان از دست برود وحال آنکه هماکنون بسیاری از کتب قدیم‌فارسی بسبب دشواری خط و قلت مردمیکه حوصله وشوق ووقت‌مطالعهٔ آن کتب را دارند ، فراموش شده و ازدست رفته .

آنروز که در نتیجهٔ تعمیم فرهنگ . ملت ما از نعمت دانش برخوردارشد. در دفینهٔ علم وادب نیاکان، بهرخط که‌باشد تابعمقی‌خواهد کاوید و گوهرهای نسفته‌ای خواهد یافت که ماامروز ازتصورآن‌دوریم. امروز است که از تقریباً سی‌یا چهل هزار کتاب فارسی بیش از دو ثلث آن متروك مانده روزیکه معرفت عمومی شد و بازار دانش رونق گرفت این کتابهای مدفون دوباره زنده خواهند شد و گرنه بدینمنوال هرروز قشر دیگری ازخاك فراموشی برآن خواهد نشست .

لکن اگر خط فارسی تغییر کند باید همت کرد و از روز اول بطبع هرچه کتاب بفارسی نوشته شده ، بخط جدید اقدام نمود .این کار با مبلغی که در بودجهٔ یك کشور ناچیزاست ، درمدت ده الی بیست‌سال بخوبی انجام میشود . در اینصورت برای دانشمندان نیز در آینده آن زحمت تفرس وتفحص در کتابهای کهنه نخواهد بود .

آنها که مخالف این عقیده هستنداین گستاخیرا بربنده ببخشند ویقین بدانندوآسوده‌باشند که عقیدهٔمن باین‌زودیهاعملی‌نخواهد گردید.

مقصودمن از این مقدمه حکایتی است که شاید نظیر آن برای

شما واقعشده و یا خواهد شد :

یکی از این روزها شخص محترمیرا ملاقات کردم که مدتها بود ندیده بودم ، گفت فلانی مرا عفو کنید ، پنجسال قبل آنشب در منزل فلانکس ، من بیجهت با شما لجاج کردم .

گفتم یادم نیست ، تفصیلرا بفرمائید .

گفت پیش از آمدن شما حضار همه متوجه من بودند و گفتگو همه از پرده‌های نقاشی من بود . وقتی شما وارد شدید ، مرا گذاشتند وبشما پرداختند . منهم بچه‌وار رنجیدم وحسود شدم وچون میدانستم که آنروزها شما برای تغییرالفبای فارسی زحمت میکشید وحرارتی‌دارید، برای‌اینکه حضار را برشما بشورانم ، شما را بصحبت الفبا وادار کردم. اتفاقاً طوری حرف زدید و دلایلی‌آوردید که نزدیک شد همه قانع و با شما هم‌عقیده بشوند . این بود که سخن را از دست شما گرفتم و بنای مخالفت و مجادله را گذاشتم وآنقدر گفتم و فریاد کردم تا شما ساکت وبنظرحضار مغلوب شدید ، عجب اینکه من با شما برای تغییرالفبا کاملا موافقم وبخوبی میدانم که تا خط ما این‌است که داریم محال‌است افراد ملت همه کتابخوان بشوند . خدا میداند که هر دفعه منظرهٔ آنشب پیش چشمم میآید خجالت میکشم و خودمرا لعنت میکنم . مکرر خواستم شما را ببینم و عذر تقصیر بخواهم ، بخت یاری نکرد . مرا ببخشید ، جوانی وغرور مرا بآن بی‌انصافی وهرزه گوئی‌واداشت و گرنه من‌همیشه طرفدار تغییر الفبا بوده‌ام وبجز این ، راه‌نجاتی برای ملت نمیبینم زیرا درآن زمان که عدهٔ قلیلی کشور را اداره میکردند سپری شده ، امروز

باید افراد یك ملت همه با سواد و با معلومات باشند و در حکومت شرکت کنند .

گفتم ، مطلبی نبوده وهرچه بوده گذشته... اما پیش‌خود وحشت کردم چراکه دیدم میشود بخاطر یك‌آن جلوه فروشی ، بخلاف عقیدهٔ خود بزیان یك ملتی صحبت کرد !

ترانه‌های بیلی‌تیس

چه شورها که ازاین‌خمخانهٔ کهنه بپا خاسته ! همانطور که‌شراب کهنه خوشتر است یادگار نیز هرچه کهنه‌تر باشد رقیق‌ترو جانسوزتر میشود ، خاصه یادگاری که با شعر آمیخته یعنی ناله‌هائی که از دل سوخته شاعر برآمده باشد .

مرغ خاموش دلم که در دنیای امروز جائی برای‌نشستن وآسوده شوریدن نمیبیند ، ازشنیدن اشعار بیلی‌تیس باز بشور وپرواز درآمده ، درگلزاریونان قدیم مستی و شوریدگی میکند . چه بهشتی ! در اینجا زیبائی وآزادی رامیپرستند، آزادی برعقل وزیبائی‌بردلشان‌حکمروائی میکند .

این قوانین و رسوم فرخنده بدستور خدای‌آزادی و این هنرهای روح افزا از نفس‌گرم الههٔ زیبائیست . اما آزادی و زیبائی یکی‌است واز اینرو عقل و دل یونانی زندگی‌را باهم بسرآورده‌اند . نمایشنامه‌های اشیل وخطابه‌های دموستن ومجسمهٔ ونوس دومیلو وقوانین‌سولون، همه ازترکیب آزادی و زیبائی بوجودآمده‌اند .

هرملتی نمونهٔ تقلید وکمال آرزوئی دارد . سرمشق و آرزوی

یونانی مردی بوده خوش سیما ، ورزیده وخوش اندام، آرام و سنگین ، فرزانه‌وفکور ، راضی‌وخرسند ، دلیر و بردبار وشکیبا ، درفتح وشکست یکسان و خوددار ، دادگر و جوانمرد ، فیلسوف و شاعر و صنعتگر ، قانع و ساده . .. آنکه این همه کمال را با جان شیرین در راه وطن فدا کند .

خداهای یونانی انسان‌های برگزیده‌ای هستند که کم و بیش باین کمالات رسیده‌اند . مذهب واساطیر یونان، قصهٔ دلفریب کشاکش عناصر طبیعت است که بصورت خدایان درآمده‌اند . صنعت و ادب یونان تجسم کمالات این خداهاست .

میگویند ذوق و هنر از کار و ممارست بدست میآید ، پس چرا یونانی پیش از سعی وعمل ، ذوق وهنر داشته ؟ این چه ذوق و تمیزی است که کمال زیبائی رابیک نگاه دیده وپسندیده وحال آنکه‌مردم‌دنیا هنوز پس از قرنها از درک وتشخیص آن عاجزند ! گمان میکنم همان طور که گاهی در خاطر صنعتگر برقی میزند و شاهکاری پدید میآید ، در عالم بشر نیز زمانی یک گوشه روشن میشود و هنر یونانی بوجود میآید . رمز این هنر ، همان پرستش زیبائی و آزادی است .

دل این دختر یونانی ، پرستشگاه جمال بوده وهرچه دردل میسروده آزادانه بزبان میآورده . اعجاز هنر یونان در راستی و سادگی است ، اما لطف و اعجاز هنر ساده را نمیتوان بآسانی دریافت . معجزهٔ اشعار بیلی‌تیس همین است که اول بار ، لطفی درآن نمیبینید ، مثل اینکه از کنار جوی آبی بگذرید وبفکر خود مشغول باشید ، زمزمهٔ جویبار ونغمهٔ مرغان ، چیزی بدلتان نمیگوید ، لکن رفته رفته خود رافراموش

میکنید ومجذوب حال وحکایت‌جوی میشوید ، زیرسایهٔ درختی میافتید، و او از غم یادگارها ، پیچان ونالان ، برایتان درددل میکند که‌روزی از میان گلزار یونان میگذشتم ، چه بهشتی ! دامن سبز وپر گل کوه تا لب دریا کشیده بود ، درختان سدر مثل طاووسان مست همه جا چتر زده بودند ، نسیم آهسته از این گل به‌آن گل و ازعاشق به‌معشوق پیغام میبرد ، جوانها بزیبائی وتندرستی مجسمه‌هائیکه از دست حجار یونانی بیرون‌آمده باشند ، سروپا برهنه‌بودند ولباسشان یك تکه پارچهٔ‌ندوخته بود که شبیه به امواج دریا و کنار ابرها ، چین میدادند و روی یك شانه گره میزدند ، میگفتندومیخندیدند وبازیها داشتند . آئین‌وکارشان معلوم وخاطرشان شاد و آسوده بود : بفرمان خدای آزادی و زیبائی ، وطن را میپرستیدند و عاشقی میکردند . معشوقان ، با نی عاج ، راز میگفتند و عاشقان غزل میخواندند . بیلی تیس همه راگذاشت و آمد نزد من نشست . برای اینکه صورتش را در آئینه روی من ببیند . گیسوانش را رها کرد تا بلب و زبان من رسید ، من بوسه میگرفتم و میلرزیدم .

چشمهایش درشت وآبی بود ، گاهی تنگ میشد که غمها یکجا فرو نریزند اما چند دانه اشك فرو ریخت ومن نوشیدم . غم عشق تلخ وشور است ولی ازشیرین خوشمزه‌تراست . مدتها برایش زمزمه کردم و دل رفته‌اش‌را بجا آوردم واوهم‌بخاطر من‌این ترانه را ساز کردو گفت:

«رفتم که برای مادرم یکدسته گل قرمز بچینم ، گلها گفتندما را از اینجا نبر ، ما منتظرعاشقیم ، گفتم پس منهم با شما می‌نشینم تابلبل بیاید . نشستم وتا میتوانستم چشمها را باز نگاهداشتم وباگلها از بلبل

صحبت کردم .

یکوقت دیدم بلبل‌آمده ، با نوکش صورتم را میبوسید و بگوشم آواز میخواند ، تنگ درآغوشش گرفتم و ناگهان بیدارشدم ... دیدم او است ! .. دست وپازدم اماخلاصی نمیخواستم ، گریستم‌امااز شوق بود.

سپیده که زد او رفت امامدتها چشمهای‌او را در آسمان میدیدم وخیالشرا در بازوان میفشردم . جای تنم روی چمن مانده بود ، آنروز چند بارآمدم و آنجا را با اشك تر کردم . باز شب همانجا خوابیدم . عاشق گل‌آمد و دستانها زد اما او ... نیامد !

شبهای دیگر باز همانجا خوابیدم و ناله کردم . دل گلها برایم میسوخت ، سربگوش همدیگر میگذاشتند وازبیچارگی‌من میگفتند.

تاآنکه بازیکشب اوآمد !.. اما من ازجا جستم و فرار کردم ، رفتم و درخانه تا صبح اشك ریختم .

مادرم گفت مردها عاشقی نمیدانند ، بلد نیستند گل بو کنند ، آنقدر گل را بدماغشان فشار میدهند که دیگر بوئی ازآن نمیشنوند . آنوقت گل را میاندازند ومیروند ! عیش و وفاداری ، کار زنها است .

فردا «مناسیدیکا» را پسندیدم و روز دیگردوستش داشتم وعاشق شدم، چه لذتهای‌آسمانی بردم ! مادرم راست‌میگفت ، عشق کار زنهاست بشرط آنکه مردها امانشان بدهند .

من دل مناسیدیکا را مثل مرغ قفس ، سالها از چشم بد مردان نگاهداشتم ، اما از بدبختی‌یکروز که نبودم ، مثل پروانه‌ای که‌مسحور شمع شده باشد بدام عاشقی افتاد و رفت .

از دوریش سرشکها میریختم وناله‌ها سرمیدادم ، شاعری‌رحمش

آمد و گفت اگر این ناله‌ها را باهنگ شعر درآمیزی، آتشت رنگینتر خواهد شد و خوشتر خواهی سوخت.

بعد از آن شعر میساختم و خوش میسوختم ، تا روزی که از نارسائی سخن بجان آمده بودم و فغان میکردم ، فیلسوفی گفت خاموش باش خموشی از سخن گویاتر است ...

ای آب روان ، آیا وقتی من دم در کشیدم ، تو میتوانی ناله‌های خاموش مرا درجهان ببری ؟»

مدتها بود آرزو داشتم احوال دل زیبای شاعری را بی پرده از خودش بشنوم . کمتر شاعری باین فداکاری تن میدهد . شعرا ما را با صنایع خاتمکاری‌های لفظی خوشدل نگاه میدارند ولی رازهای شورانگیز دل خود را برای ما نمیگویند ، میترسند با آنها ایرادهای اخلاقی بگیریم . حاضر نیستند دست از ظاهر سازی بردارند و شاعری کنند . اما بشعر زنده ماندن بهتر است تا بیك جلوهٔ ظاهر در گذشتن .

آری ، شعرای ما بهمینکه با هنرهای بدیع عقل ما را بربایند قناعت میکنند و از دلبردن چشم میپوشند . مثل اینست که اشیاء خاتم ومرصع و زرگریهای لطیف پدید آورده باشند ، هنرمندی کرده اما شاعری نکرده‌اند یعنی ما را درخانهٔ دل خود راه نداده و نگذاشته‌اند مرغ روحشان بی‌پروا برای ما ترانه بزند و شوریدگی کند . غافل از آنکه دل ما را زینت‌های صنعت از جا نمیبرد . ما بیك نغمه از دل حساس مست میشویم و توقع داریم شاعر از این نغمه‌ها درگوش جان ما سر بدهد ؛ دلمان میخواهد باما راز بگوید وهمنوائی کند تادوستش بداریم ، دوستی بی‌شناسائی وهمرازی میسر نمیشود .

بیلی تیس از درخت بالا رفته ، شرح این بالا رفتن را در چند خط چنان ساده و روشن وصف کرده که میبینیم :

زمین ، سبز وپر از گلهای قرمز است ، دیشب باران آمده ، هوا گرم وخوش است. دختری سرمست مدتی‌روی سبزه‌ها رفته وشوریدگی کرده ، دست وپایش ازسبزه و گل ، سبز وقرمز است اما آتش درونش هرلحظه سوزانتر میشود .

ناگهان پیراهن را میاندازد وبدن لخت خود را به‌تن نرم‌درخت میکشد و ازشاخه‌ها بالا میرود ، روی شاخه‌ای مینشیند و پاها را تکان میدهد . قطرات باران از برگها روی تنش‌میریزد. هرقطره مثل‌بوسه‌ای که عاشق ربوده باشد ، سراپایش را میلرزاند ، نسیم بدنش را نوازش میدهد و بگوشش حرفهائی میزند که دلش ازجا میرود وبی‌اختیار ساقهٔ درخت را در میان رانها میفشارد ، خیال میکند اوست ...

اگر این دختر سرمست پردهٔ حیا را دریده گناه ندارد، درزمان او عشق و راستی را میپسندیده‌اند ، از این گذشته ، شاعر بوده و شاعری کرده .

وصف طبیعت و بیان حال خود را چنان شاعرانه آورده که بعد از دوهزار وششصد سال، شنونده‌آن وضع حال را میبیند ورقت میکند.

بدبختانه شعرهای ما اغلب از وصف طبیعت و بیان حال ، عاری است واگر وزن‌وقافیه وبازی‌کلمات را ازآن‌برداریم نابود میشود ولکن ترانه‌های بیلی‌تیس از ریختن زینت وزن وقافیه نمرده و تا ابد بشعر و حال زنده خواهد بود .

يك فيلسوف

درپاريس باطبيبى بنام دكتر ويلدريك مهمانخانه منزل داشتيم . اهل آلزاس بود ودر جنگ اول بين‌المللى بطرفدارى فرانسه با آلمان جنگيده وسينه‌اش از گازمسموم ، آسيب ديده بود وباينجهت آهسته وبا صداى پست حرف ميزد .

ميگفت «وقتى به‌پدر ومادرم گفتم كه حاضرم طبيب بشوم ، خيلى خوشحال‌شدند زيرا تصور كردند كه دست از خيالات شاعرانه برداشته و نصايح آنها را قبول كرده‌ام . لكن من باين سبب به‌تحصيل طب راضى شدم كه براى رفتن بمدرسه از نزديك بيمارستانى ميگذشتم و هر روز مدتى‌فكرم در داخل آن محوطه بجستجوميرفت تاآنكه رفته‌رفته دنيارا بيمارستان بزرگى‌ديدم واز نالهٔ جانگداز بيماران هرچه تارشاعرى در وجودم بودبنوا درآمد. دلم ميخواست طبيب‌بشوم وبا درمندان بياميزم وترانه‌هاى دل خودرا مدام از ناله وفغان‌آنها پرشور وسوز كنم اما پس‌از آنكه‌طبيب شدم دانستم چه خبطى كرده‌ام زيرا مريض‌انتظاردارد كه من او را بادوا معالجه كنم درصورتيكه من بيشتر باحوال روحى ميپردازم وچه بسا كه دوائى تجويز نميكنم زيرا ميدانم كه بيمارى انسان اغلب از

ناسازی روح است . »

خلاصه اینکه مطب دکتر اغلب از بیمار خالی بود. او هم از خدا میخواست وآسوده نویسندگی میکرد . در زبان آلمانی و فرانسه بیك اندازه تبحر داشت ولی بیشتر برای مجلات آلمانی مقاله مینوشت ومزد میگرفت . میگفت «صد فرانك که از نوشتن پیدا کنم خوش‌تر از هزار فرانك‌است که از مریض بگیرم ، مگر از بیمارهم بدبخت‌تر و گرفتارتری وجود دارد ؟ »

مقالاتش‌را بفرانسه برای من ترجمه میکرد و از تعریف وتحسین من لذت میبرد. در آن میان نامه‌هائی بود که دوعاشق بیکدیگر مینوشتند گفتم من این نامه‌ها را ازمقالات دیگر شما بیشتر دوست دارم . گفت «برای این است که آن‌مقالات را باعقل مینویسم واین نامه‌ها را بادل ، این غزلهارا من ومعشوقم بهم مینویسیم . شرح این عشق وماجرا را من یك کتاب‌خواهم کرد اماچون ممکن‌است با این وضع بدمزاجی که‌دارم این‌آرزو را باخود بگور ببرم ، شما بدانید که من ودختر زیبائی قرار عروسی داشتیم ، جنگ پیش‌آمد و هر دو بخاطر فرانسهٔ عزیز بمیدان رفتیم ، سینهٔ‌من اینطورشد که می‌بینید ، اوهم‌سلامتی‌خودرا طوردیگری از دست داده که نباید بگویم . دریغمان آمد بجای آنهمه زیبائی و تندرستی که بنا بود باهم بیامیزیم ، دو وجود ناقص را سربار یکدیگر کنیم ، گفتیم بعروسی روحی میسازیم و بنامه‌های عاشقانه نوشتن واز هجر نالیدن قناعت میکنیم . »

ای‌کاش آن‌نامه‌ها بهم پیوسته ودیوانی شده باشد ویکروز بدست من وشما بیفتد، ای دریغ چرا آن نامه‌هارا بتصورآنکه دکتر کتابی‌از

آنها خواهد ساخت جمع نکردم!

نامزد دکتر درشهر استراسبورك درخانهٔ پدرش زندگی میکرد، یك بچهٔ بیکس را بفرزندی برداشته وبزرگ کرده بود. درضمن یکی‌از آن نامه‌ها که متأسفانه جز همین یك‌تکه از آن چیزی در نظرم نیست نوشته بود:

«پسرمان‌بعشق دیدارپدر دروغی که‌تو باشی وبمحبت مادر دروغی که من باشم، خوش وسربلند است. گرچه الفبارا تازه یادش داده‌ام، نوشته های تورا دروغی برای همبازی‌ها میخواند وبداشتن چنین پدری بخود میبالد.

این‌چه دنیای‌پراز دروغی‌است! گوئی‌جزدروغ‌چیزی نیافریده‌اند، همه‌بوهم وخیال ودروغ، خوش وناخوشیم! نکند عشق‌من وتوهم دروغ باشد! اما عشق، آن دروغ شیرینی است که پوچی سایر دروغها را میپوشاند، راستی اگر دروغ عشق نبود با اینهمه دروغهای بیمزه وتلخ چه جور زندگی میکردیم..»

چندبارهم اتفاق افتاد که من در نوشته‌های‌دکتر اظهار نظر کردم واو پسندید. گفت احتمال میدهم که توهم استعداد نوشتن داشته باشی، امتحان بکن.

یك‌شب صحبت من‌ودکتر، ازسهم تصادف درشهرت اشخاص‌معروف بود وتابدینجا کشید که میگشتیم وعوامل‌مختلفی‌را که موجب‌برجستگی میشودپیدا میکردیم. دیدیم چه‌بسا صفات واعمال‌ناروا که درکاربزرگان دست دارد تابالاخره بدینمعنی رسیدیم که سهم عمده از تصادف و اتفاق است که اگر درست افتاد یکی‌را ازهزار پستی بالا میبرد واگر بدآمد

دیگریرا باهزار بلندی‌طبع وهمت ، زیرپا پست میکند. آنشب‌را من با این‌خیال خوابیدم و فردا «شرح‌حال یك‌فیلسوف» را که در کتاب آینه ضبط است نوشتم وشب بسرمیز غذا برای‌دکتر ترجمه کردم .

پس‌از لحظه‌ای‌سرازسینه برداشت و گفت «نویسندگانیکه هرگز چیزی‌ننوشته‌اند یقیناً بیش‌ازآنهائی هستند که نوشته‌اند تو، نویسنده‌ای و نمیدانستی . اگر بمن اجازه بدهی این حکایت را بآلمانی ترجمه میکنم . » یادم نیست چه‌ها گفتم وبچه زبان اشتیاق خودم را ببرخاستن و بگردن دکتر آویختن ، درلفافهٔ عبارات عادی تشکر، پنهان کردم . ولی‌چون هیچ نوشی بی‌نیش‌نیست، درته‌دل من‌نسبت باین رفیق ورهنمای عزیز ، غبارناز کی گرفت . علت این بود که هرروز میپرسید دیگر چه نوشته‌ای؟ اصرارمیکرد که چرا نمینویسی ، مگرنمیدانی که توصاحب هنر وامانت‌داری، چرا وظیفهٔ خودترا انجام نمیدهی !

آنقدرمیگفت که‌من ازغصه وخجلت بجان‌میآمدم . دلم میخواست فریاد کنم که من آرزو دارم باز حکایتی بنویسم اما میترسم بآن خوبی نشود ، از نوشتهٔ خودم میترسم . . این چه خصمی بود که بدست خودم برای من ساختی !

ولی میخندیدم و میگفتم من استعداد نوشتن ندارم و گول لطف شمارا نمیخورم .

باز مقداری از نوشته‌ام خوب میگفت و شوقی مخلوط باترس در دلم ایجادمیکرد تا آنکه یکروز صبح باتاق من‌آمد وپانصدفرانك روی میزم گذاشت ، گفت این نصف‌پولی است که برای‌حکایت توبمن‌داده‌اند، آیا حالا مطمئن شدی که هنرداری ؟

خوشبختانه فردای آنروز آقای دکتر برای دیدن برادرش که مریض شده بود ، بمسافرت رفت ومن از نصیحت شنیدن و حکایت نوشتن آسوده شدم .

«یك فیلسوف بزرگ» را در تهران برای رفیق شاعری خواندم، چند دفعه جایش را روی صندلی عوض کرد و عمامهٔ شیر و شکری را برداشت ودستی بسر کشید وبا خود گفت : خوب است،خیلی خوشم‌آمد، بچشم من ازآن حرفهای محکم‌است ، آری میشود ساخت ، خودنظمش میکنم ...

آن شاعر نامی که متأسفانه امروز در این دنیا نیست ، بسیارمرد خوبی بود . اگر صفات بزرگیرا نیکی و درستی و بی اعتنائی بمال و مقام نامشروع میدانیم ، همه را داشت جز اینکه گرفتار یک اشتباه خطیر بود وباینجهت زندگی را در جنگ وقهر با مردم بپایان‌آورد : انتظار داشت که در مجالس او را مورد همان احترامی قرار بدهند که مخصوص یك وزیرشاغل است ،تعجب میکرد که چرا شاعر را کوچکتر از وزیر میدانند ! خودش را میخورد و فکرش را بزبان میآورد ، از جا در میرفت و بد میگفت ، غافل از آنکه شاعر را در غیاب دوست دارند ومیپرستند اما درحضور بسردی میپذیرند ولی درعوض اگروزیر را درحضور ، ستایش وتعظیم میکنند ، درغیاب بسردی نام‌میبرند .

اما من که متوجه بودم‌آنچه را این شاعر وارسته از ما میخواهد مطلقاً خرج و زحمتی ندارد ، از هیچگونه احترام و خوشگوئی دریغ نمیکردم وباینوسیله یگانه دوست ومحبوب او شده بودم . تصور کردم بخاطر دوستی ، ازنوشتهٔ من تعریف میکند . گفتم اگر برای تشویق

من میخواهید این حکایت را بنظم در بیاورید، من شما را ازاین‌زحمت معاف میکنم .

پرخاش کرد که چه‌میگوئی ، تو خودت هنوز بعمق نکته‌ای که در این قصه بکار رفته پی‌نبرده‌ای ، بگذار من این را به شعر بسازم تا ببینی ...

هفتهٔ بعد شاعر آمد ونزدیك بیست شعر ازآن حکایت را آورد ، بسیار خوب ساخته بود ، گفتم چه ضرر دارد بدانید من این قصه را از کجا و در اثر چه تحریکی نوشته‌ام .

چشم و دهانش‌ازتعجب باز شد وپرسید این نوشته را تونوشته‌ای؟ من خیال میکردم ترجمه است ...

آیا میخواهید بدانید بعد چه شد ؟

شاعر رفیقم وقتی فهمید که نویسندهٔ حکایت ایرانی است ،آنهم شخص زنده‌ای که روبرویش نشسته ، آنهم رفیق شفیق . . . از ساختن حکایت بشعر منصرف شد .

عشق و ادب

تو حالا راضی‌تری ، مثل صیادی که شکار وحشی را بدام گرفته و رام کرده باشد خوشحال وخرسندی ، مثل اینکه دشمن سرسختی را عاقبت زبون کرده باشی نگاهت پر ازمستی وخنده‌هایت سرشار وشاداب است . آیا حالا که من افتاده وفرمانبردار توام مرا بیشتر دوست داری یا اینکه خودترا بیشتر میپسندی وبخودت مینازی که در این جنگ برمن فایق آمده‌ای ؟

اما من ، از اینکه وقتی بخلاف رأی تومیرفتم وجز باراده ومیل تو بودم شرمسارم، ازآنهمه درشتی‌وسختی که برتو روا میداشتم پشیمانم، ازآنهمه خودکامی وقهرو ادا که داشتم نادم و توبه کارم . هر دفعه که فکرم آن من بد رفتار را نشانم میدهد ، چشمم ازشرم ببم میآید ، از دیدن عاشقی که معشوق را برنجاند بیزار و گریزانم. من که رشتهٔ حیاتم بیك موی توبسته بود چرا آنهمه میکشیدم ونمیترسیدم !

آری میخواستم آزارت کنم که بیشتر دوستت داشته باشم،میخواستم در دنیا تو تنها کسی باشی که همهٔ بدیهای مرا تحمل کنی ،میکوشیدم تا خیالات تو را ، شخصیت تو را ، وجود تورا درخود محو کنم ؛تقاضا

داشتم که دلت جز خواهشهای دل من چیزی نخواهد ؛ دلم میخواست تو بهشتی باشی که من در آن هرهوس ومیلی که دارم آزادانه برآورم واز بهشت بغیر از صفا نبینم ؛ میخواستم تو فضای بیکران آسمان باشی که هرچه بنالم وفریاد کنم و سخت بگویم بپذیری ؛ نیازمند بودم که تو خرمن گل باشی تا هرچه ببوسم وببویم وبشکنم وپژمرده وخراب کنم، بغیر عطر ونرمی ، صدائی ازتو برنیاید ؛ ادعا میکردم که همچو درآب روان ، قیافه‌های کریه خود را در تو بیندازم وتو پیوسته پاکیزه و زلال بمانی ، وه که آرزو داشتم تو سازی باشی که من دایم بزنم و بنوازم و هرگز صدای مخالف ازتو سر نزند ؛ محتاج بودم که یگانه پناه من در دنیا تو باشی تا از تصور رفتنت مثل طفل گمشده وحشت کنم وبلرزم و زار بگریم ، تا بی‌تو نتوانم یکروز زنده باشم ...

از درد وسوز آرزوها بخود میپیچیدم اما این خود ، تو بودی ، وجود خویش را در تو میدیدم وبتصور اینکه تو منی ، در تو میپیچیدم و انتقام روزگار را از تو میکشیدم ؛ رنجت میدادم که چرا اینهمه خوشگلی ، چرا من آنقدر خوشگل وجوان نیستم که از وجاهت وجوانی تو نترسم ؛ عذابت میدادم که بدانم چه اندازه دوستم داری ...

چه دژخیم نهاد و ستمکاری بودم، تو بدادم رسیدی وادبم کردی: عاقبت از بیداد من بجان آمدی و بر من شوریدی ، گفتی عاشق باید با ادب باشد ، وگرنه ! ..

پردهٔ سیاه خودخواهی را ازپیش چشمم دریدی ،زشتی‌های خویش را دیدم واز آنهمه ناروا که گفته وظلم و ستم که کرده بودم شرمنده و سرافکنده شدم .

تو تنها معشوق نیستی ، توآموزگار و رهنما ومراد منی ،آداب عشق را تو بمن آموختی و وظیفهٔ عاشقی را تو بمن یاد دادی ، حالا میدانم که هرچه غصه دارم باید در دل پنهان کنم و پیش معشوق همچو غنچه ، خوش بشکفم ، بایدآنچه میگویم از باغ عشق گلچین کرده باشم باید یك تنه با زندگی بجنگم وغم خویش را فرو بخورم و پیش تو فاتح و سرفراز وخندان باشم ، باید اگر ازتو ناسزائی بشنوم عاشق‌وار دندان برجگر بگذارم یااگر بخلاف انتظاررفتاری ببینم یاخودبگویم «که مگر نمیدانی او غیر ازتو وجود دیگری است ؟»

آری توغیرازمنی ، نمیخواهی من همچو با خودم با توآزادباشم باید پیش تو خود را مؤدب ومهربان وافتاده بسازم، چون توغیر ازمنی! آری راه و رسم عاشقی همین است که تو بمن نمودی ...

اما چرا ، چرا دیگر ازتو نمیترسم ! آن وقتها باآنهمه که تورا درخود محو ومجذوب میدانستم چنان از تو میترسیدم که از خدا باید ترسید . میترسیدم که مرا در دنیا تنها و بی پناه بگذاری ، میترسیدم دوستم نداشته باشی ویکروز جانمرا با خود ببری . اگر تو میرفتی ، زمین وآسمان از عشق خالی میشد و دیگر کسی در عالم لایق دوست داشتن نبود،از بیچارگی‌وتنهائی ،بخواری میمردم! جز تو که میتوانست سختیهای مرا تحمل کند ؟!

پیشها هر دفعه که با تو بد سلوکی میکردم بند تازه‌ای ازعشق‌تو میساختم وبگردن میگرفتم ، حالا هرچه‌ادب وبندگی میکنم آن‌بندها فرو میریزند ، هرچه در رفتار با تو تشریفات عشق وادب را بیشتر بجا میآورم ، ترسم ازتو میکاهد !

ای افسوس ، چه خوش عشق وحالی بود ، چه شور وآتشی داشتم، واله وشیدا بودم ؛ آنوقت که ازتو میترسیدم درقلب من جا داشتی ، تو من بودی ، حالا از قلبت من بیرون آمده ودرآغوش من افتاده‌ای ، دیگر من نیستی ، دیگر از تو چرا بترسم، خوبان بسیارند، هر که را اینهمه ادب ومهربانی وبندگی کنم ، درآغوش خواهم گرفت .

شاه شعرا

در مجلس بزرگان غوغاست ، باز از دست خلقت شاهکاری بر آمده و ستاره‌ای تازه درخشیدن گرفته ، نغمه سازی پدید آمده و از لطایف و لذایذ آسمانی تحفه‌ها آورده است . نه از آن سخنوران است که دفترش از ترانه بپایان برسد ، گوش دلش همواره بساز فلك درسماع و مدام از سرچشمهٔ الهام در ذوق وحال است . بال خیالش بهراوجیکه بخواهد میرسد و از آنجا هرچه زیبائی است برما میافشاند . بهر تاری که بیاویزد ازچرخ صدا میخیزد و بهر صورتی نظر بیندازد، ازنگارخانهٔ ملائك نقشی بدیع میآورد .

ولوله برخاست : شاعر بمجلس درآمد ، بالانشینان درهم تپیدند وجا تنگ کردند ، حسودان سربگوش یکدیگر گذاشتند و حسادت‌ها ورزیدند، بیمایگان پردهٔ سیاه بیحیائی برو گرفتند و بر ملا تیغ تهمت کشیدند که شعرش از دیگرانست وخود، زبان بازی بیش نیست . لکن آفتابرا بگل نمیشود اندود . شاعر با قامتی راست وچهره‌ای از نورهنر تابناك ، ادب بجا آورد و ایستاد وقصیده‌ای بلند آغاز کرد . گوئی از طربخانهٔ افلاك دری گشاده شد : غریو کینه وفغان حسادت در خاطرها

فرو نشست ، ضرب شورانگیز موسیقی در دلها زدن گرفت ، رقت‌معانی ولطف هم‌آهنگی کلمات ، مستی بهشتی‌آورد ، خود را فراموش کردند ومجذوب صنعت شدند . شاعر نو رسیده را دیدند که هر دم بزرگ و بزرگتر شد تا ازهمه درگذشت‌آفرین گفتند و در بالای مجلس بجای خودش نشاندند و شاه شاعرانش خواندند .

آری هنر را چون خورشید نمیتوان بدست رد نگاهداشت یا مقام هنرمند را که قلم تقدیر نشان داده نمیشود بهوس و نادانی مدتها از او بازداشت .

هنوز چشمها از این نور خیره و دلها از شوق در تلاطم بود ، هنوز فکرها بدنبال شاعر جوان صعود میکرد و بخود میلرزید که این قریحهٔ بلند تا بکجا خواهد رسیدوچه‌ها خواهد کرد، که ازپشت‌دیوار باغ هیاهوئی برخاست،بچه‌ها شاه وزیری بازی میکردند . ناگهان شاه شعرا از صدر مجلس بزرگان برجست وخود را بجمع بچه‌ها رسانید ، با آنان درآویخت و ببازی پرداخت !

چشم و دهان مجلسیان بحیرت باز ماند ، شیطانهای حسادت که ازبادهٔ صنعت بیهوش بودند سر برآوردند و فریاد شادی برداشتند که‌ای به ، چه خوب شد ، ما که زورمان نمیرسید رقیب سخندانرا به پستی بکشیم ، خود بپای خویش رفته ، شادی کنیم ، ای به چه خوب شد ، چه خوب شد ...

اما چه بد شد ، نشاط و امید نغمه سرایان در آسمان عزا شد ، فردوسی روی در هم کشید ، عنصری گریید ، فرخی‌مویه کرد که واویلا شاعرآسمان گرد را با کودکان خاکی‌چکار ! مبادا در این بازی ،روح

لطیفش را بیازارند و بال وپرش را بشکنند و راه پروازش را تا بهمحفل ما بگیرند !

همینکه بچه‌ها دیدند حریف در بازی کوتاه میآید و حواسش جای دیگر است ، مفت خود دانستند وهرچه اوتلاش میکرد نتیجه را دیگران میبردند : در گرمای بازی که رقبا بجان یکدیگر میافتند و هوش و قوای خودرا بکارمیاندازندوهرحقیقت وعالم دیگری رافراموش میکنند ، ناگهان دست و پای شاعر از تکاپو میافتد و روحش از میان بازی فرار میکند :

جلوه‌ای دیده و ازخود بیخود شده ، فکری بدلربائی معشوق از نظرش گذشته ، سرا پای وجودش از شوق‌واضطراب میلرزد تا شاهد را ازحجاب وهم و ابهام بیرون بیاورد و چهره‌اش را قابل درك جهانیان بسازد و از ظهور آن خوبی از بدیهای دنیا بکاهد .

خیال از هرصاحب فکری لباس عاریتی میآورد اما شاعر نازك طبع ، عروس خودرا بجامهٔدیگران نمیآراید، عاقبت ازخیال سیرمیشود و بدل میپردازد .

دل زمزمه‌کنان راه‌آسمان میگیرد و میرود تا آنجا که از این عالم بیخبرمیشود . فرشتگان در برش‌میکشند وبر بالهای نسیم‌مینشانند وگلزار آسمانرا از سپیدهٔ صبح تا سرخ شفق نشانش میدهند و از هر برگ وگلی در پایش میریزند و به آهنگهای ملکوتی وصف هریك میکنند تا کدام را بپسندد .

آنگاه دل‌از باغ فلك برسرسخنگوآنقدر برگ وگل میریزد و ترانه میزند تا شاعر ، غرق گل ومست موسیقی میشود درآن شور وحال

بوزن ترانه‌های دل ، از برگ و گل‌های بهشتی لباسی برازنده بر اندام شاهد فکر میسازد ومحبوب را برای خوب کردن و آراستن خرابهٔ دنیا میآراید .

وقتی شاعر ،شاهکاری بدست ،بخود میآید ، بچها بازیرا برده‌اند و او وامانده ! باخود میگوید چه بهتر ، منکه میدانم هر که قاپش نشست امیر و وزیر میشود ، گیرم که من شدم ، بچه هنر جز بحسن اتفاق ببالم ، چرا بچیزی دل خوش کنم که بیش از حباب برآب دوامی ندارد ! چرا پیش هنرشناسان برنگردم که درجان جایم بدهند .

اما وقتی دوباره بمجلس‌جانان‌درآمد ،همهمهٔ عیب جوئی‌حسودان صدای‌آفرین پاکدلانرا پست میکرد. عیب بد بازی کردن با بچه‌ها را برهنرش میبستند و هنر وبازی را از کینه بهم میآمیختند .

شاه شاعران ازیاران رنجید، رفت وبازببازی با کودکان پرداخت بازآمد و باز بار ها رفت تا از اتفاق روزی هم قاپش خوب نشست و وزیر شد .

لکن در محفل روحانیان ، در آسمان ؛ آنجا که من و مائی نیست ، در محفل قدسیان که بزرگی به نیك خواهی و زیبا طلبی‌است، فردوسی با چشمهای گریان گفت ایدریغ ، اگر ملك‌الشعرای بهار ، هوش وروانرا ببازی با بچگان نیازرده‌بود، نیمه‌کار مرا بپایان‌می‌آورد.

قاضی سنگدل

بقاضی محترمی که ازدوستان خانوادهٔ ما است برخوردم وهمینکه معلوم شد هردو بیک‌طرف میرویم ، باهم براه افتادیم .

این مرد پا کدامن، بخشکی و سنگدلی معروف است ؛ میگویند بجز اشعار نصاب والفیه و شرح منظومه ، هیچ شعری از بر نکرده . از ساز و آواز وغزل وصحبت دل ، بدش میآید واز شوخی وخنده گریزان است . هرحرف وفکریرا بامواد قوانین تطبیق میکند وهرچه را به‌بند قانون در نیاید قابل گفتگو نمیداند .

با همچه شخصی راه رفتن وحشت دارد، مثل این است که آدمرا بمحاکمه میبرند زیرا هماناطور که طبیب ، وجود انسانیرا ولو هرقدر بظاهر تندرست باشد مریض میداند ، قاضی‌هم یقین دارد که هر کس گرچه بچنگال عدالت نیفتاده باشد ، گناهکار و سزاوار بازپرس و عقوبت است .

قاضی محترم راهرا کج کرد وبکوچه‌ای وارد شد . گفتم این‌راه ما نیست . گفت قدری دورتر میشود ، عیبی ندارد، بفرمائید .

خیال کردم در آن کوچه با کسی کاری دارد ، گفتم ولی اگر

جنابعالی میخواهید مدتی‌معطل بشوید، بنده چون باید سرموقع‌برسم ، مرخص خواهم شد .

ابروها را درهم کرد و گفت با کسی کاری ندارم .

میرفتیم و من گاهی زیرچشمی بصورتش نگاه میکردم و میدیدم که قیافه‌اش عوض‌شده ، حال‌عادی ندارد . در ودیوار را باچشم اندازه میگیرد وبداخل‌هرخانه‌ای که باز است نظری میاندازد. گاهی چهره‌اش تاریك میشود و گاهی روشن .

يك‌جا ایستاد ودستی بکمر گذاشت وقدرا راست کرد . اثرمبهمی از لبخند دراطراف‌دهانش دیدم و جسور شدم ، گفتم نکند اینجا منتظر پریرخی باشید !

تبسم محزونی کرد وپس از چندی سکوت وسر را بحسرت تکان دادن ، گفت درست فهمیدی ، بطیب خاطر اقرار میکنم ، بلی اینجا منتظر پریرخی بودم وهستم .

فریاد کردم که چه میفرمائید ! شما و عشق‌بازی!

گفت «من مکرر دیده‌ام که جنایتکارانی درآخر عمر، وقتی از بردن بار گناه فرسوده و ناتوان میشوند ، میآیند وبدون هیچ اجباری ، بگناه خود اعتراف میکنند. منهم پس‌ازيك عمر باراین عشق وناکامی‌را بردن، امروزپیش‌تو اقرارمیکنم واین بارسنگین‌راازدوش خودبرمیدارم. بلی همین‌جا بود که‌اول بار اورا دیدم ... اما من زبان عشق ودلرا بلد نیستم که برایت شرح ماجرا کنم .

چندی ساکت شد ومن میدیدم که در دورگاه خیال ، با معشوق ایماواشاره وراز ونیازمیکند. بخودآمد و گفت«من بلدنیستم ازدلباختگی

و احوال دل‌صحبت کنم ... اما آن‌صورت‌هرگز ازپیش‌چشمم نمیرود... چکنم که توخوب بفهمی؟.. بیا این‌کاغذ را بخوان امابشرط‌آنکه بمن نخندی ، منکه مثل تونمیتوانم از این چیزها بنویسم ، این کاغذرا سی‌سال پیش نوشته‌ام ، بارها پاره شده و تجدید کرده‌ام، چه بسا که در محکمه ازجیب‌درمیآورم وبازمیخوانم ، مردم تصورمیکنند که یادداشت قوانین است . »

نامه را از میان یك دسته پاکت وکاغذ درآورد وبمن داد و گفت این‌کاغذ همیشه بامن‌است که روزی اورا ببینم وباو بدهم ، بخوان وبگو اگر این‌کاغذباو میرسید چه اثری میکرد . گرچه خودم میدانم که هیچ نامۀ عاشقانه‌ای ازاین خشکتر وبی‌حال‌تر تابحال کسی ننوشته ! چکنم، من ازاین بهتربلدنیستم امابخدا خاطرم پراز عشق وغزل است » .

نوشته بود :

محبوب من

همه دراداره تعجب میکنند که‌چه‌شده من چندی است بموقع سر کار حاضر میشوم .

نمیدانند که بوقت میروم تا تورا در راه ببینم .

آنروز اول که اتفاقاً صبح زود ازآن کوچه گذشتم و تورا دیدم ، برای آن بودکه راه نزدیکتررا بسته بودند، روزبعد همینکه توراديدم فهمیدم که امروز بهوای دل ، باز راهم را دراز کرده‌ام و گرنه آن راه نزدیکتر باز شده بود .

روز اول‌مثل اینکه‌صورت آشنائیرا ببینم که اسم ورسمش‌فراموشم شده باشد، ازدیدنت‌یکه خوردم وبنظرم آمد که توهم همین‌حال راپیدا

کردی . یك لحظه نگاهمان بهم افتاد وهردو بهم خیره شدیم . چندقدم که گذشتیم برگشتم و ایستادم که تو را خوب ببینم . سرت را کمی گرداندی وهمینکه از گوشهٔ چشم مرادیدی که بتونگاه میکنم ، بتندی برگشتی وبعجله رفتی . دیگر هرچه نگاه کردم برنگشتی .

روز سوم ازدور دیدم که آهسته میآئی ، خیال کردم خدا نکرده کسالت داری ، ناراحت شدم ، اما تامرا دیدی تند کردی وبدون اینکه بمن نگاه کنی گذشتی .

روزچهارم داخل کوچه شدم وتو راندیدم ، دلم فرو ریخت قدمرا آهسته کردم که بلکه تو بیائی . بخاطرم رسید که شاید توهم دیروز آهسته میآمدی که بلکه من برسم ، یك باغ گل ازاین خیال در خاطرم شکفت. آمدی ونگاه تندی بمن کردی ورفتی! هرچه فکر کردم تقصیری در خود ندیدم جزآنکه وقتی نگاهت میکردم ، دلم بتو گفت « وه که چه خوب کردی آمدی ، اگر بدانی چه پریشان بودم ! »

آیا تو حرف دل مرا ازچشمم شنیدی ؟ پس چرا اوقاتت تلخ شد! مگر نمیخواهی با دل من سر وکار داشته باشی ؟

روز پنجم نگاهت نکردم ورفتم، وقتی ازهم دور شدیم برگشتم که بجبران آن ندیدن ، سیر نگاهت کنم . توهم برگشتی ومرا نگاه کردی وخجلت زده سرت را پائین انداختی وآهسته رفتی، باهم آشتی کردیم .

روزششم باچشم گفتم که دوستت دارم ، چنان غیظ کردی وابروها را پیچ وتاب دادی که صدبار پشیمان شدم .

روز هفتم نگاهت نکردم وحتی برنگشتم ببینم تو نگاهم میکنی یا نه .

روز هشتم چشمم بیك خرمن گل افتاد ، دیدم پیرهن تست ، ذوق کردم وبگلهای پیرهنت لبخند زدم باز تو بیخود رنجیدی وآنهمه تیر نگاه خشم‌آلود بمن انداختی و زیرلب نمیدانم چه‌ها گفتی ورفتی .

فردا ویکی دو روز از ترس، نگاهت نکردم . ترسیدم آرزوهای دلمرا از چشمم بشنوی که چه تند رویها میکنند . اما یك روز طاقت نیاوردم وبر گشتم ودیدم که توهم سرت را گرداندی ومرا نگاه کردی ؛ نگاهت پرازملامت بود ، میگفت‌ای سست پیمان ، عشق ووفای توهمین بود ! باین زودی ازمن سیرشدی ودیگر نگاهم نمی کنی !..

آری آنروز ملامتم کردی ، خجل‌شدم ورفتم . پس چرا فردا که نگاهت کردم و باچشم عذر تقصیر خواستم ، باز اخم کردی و شانه بالا انداختی؟ پس وقتی نگاهت‌نمیکنم ، آن‌تیرهای نگاه‌را چرا بمن پرتاب میکنی ! اگرمرا نمیخواهی چرا راحت‌را عوض نمی کنی !

آری‌فهمیدم، دلت میخواهدمن نگاهت کنم ، التماس‌وزاری کنم، و تو اخم و نازکنی و زیر لب دشنامهای شیرین‌تر از قندم بدهی .

حرفی‌ندارم ، بعداز این همینکار را میکنم ، اما تا کی ؟..

☆☆☆

وقتی نامه‌را خواندم ، گفت‌شبی تاصبح بانوشتن این نامه سرگرم و خوش بودم و باین فکر گذراندم که فردا کجا وچه جور آنرا بدست محبوب بدهم و چه بگویم . اگر کاغذ را دور انداخت چکنم ، اگر چنین وچنان گفت چه جواب‌بدهم ، اگر برویم خندیدچه خاکی بسر بریزم ... اما فردا وقتی ازخواب بیدار شدم ، ساعت میعاد گذشته بود و ازبخت‌بد همان روز تب کردم وسه هفته‌بستری شدم ، بعد ازآن، روزها

و ماه‌ها در هرساعت روز به آنکوچه رفتم و انتظار کشیدم و از محبوب نشانی ندیدم وحسرت‌خوردم . حالا نزدیك بسی‌سال است که گاه بگاهی ازاین کوچه میگذرم و آن عوالم را درخیال زنده میکنم ولذتی آلوده بتأسف وحرمان میبرم . آری همیشه اینکاغذرا همراه دارم که اگر...

اماچه‌فکرهای سفیهانه که هنوز دراین پیرانه‌سرمن جولان دارد!

بخدا مردم بیجهت‌مرا سنگ دل میدانند، این قلب‌من پراز عشق و وفاست لااقل تو یکی بدان.

سایهٔ گل

وه که این سایه چه شورانگیز است : گلدان گل را پشت سرمن روی میز گذاشته‌اند ، سایهٔ گلها روی دیوار افتاده

شعر و گل اختیار از کف ما میبرد ، عالمی غیر آنچه میدیدیم جلوه میکند وخیالاتی جز آنچه داشتیم بپرواز میآید . اما این سایه از گل خیال انگیزتر است ، نه‌آب و رنگ دارد نه بوی گل ، نه جسم وجانیکه ببوسم و بر دیده بگذارم ، اما سایه‌ایست که ازروشنیها بدان پناه میبرم ، سایهٔ آن خوشیست ... آن خوشی مبهم که همچون سایهٔ هما وقتی برخاطر من گذشت ... آن‌خوشی بی‌نقش و نشان که از رقت بگفتن در نمیآید ...

آری سایهٔ این ساق وبرگها که شوریده‌وار درهم‌پیچیده ، شرح آرزوی من است . چه‌رنجها که درآرزوی یار نبردم و چه انتظارها که نکشیدم: همچو طفل گمشده همه‌جا گشتم و درهرصورتی نگران شدم و ازهردلی پرسیدم ؛ همچوعاشق بی‌معشوق بهرزبان راز گفتم ونیاز بردم؛ باالتماس‌نگاهی ، همچوغنچه شکفتم وبتمنای همرازی، همچو نی ناله‌ها سردادم ؛ بخواهش دست و دامانی اشکها فرو ریختم وبامید قدمی خاك

راه شدم ؛ شب ازماه وپروین‌جویا میشدم و روزازمرغان‌چمن درخواست میکردم و یار را درهر گوشهٔ جهان میجستم ... ولی چه سود که او را نیافتم ، خامهٔ صنعت هنوز نگار مرا صورت نبسته بود . غلط گفتم ، صورت یار کشیده بود اما هنوزآن تیررا برای دوختن دل من در کمان ابرو نداشت.

چه دشواراست ناامید زنده‌بودن ، درمیان خوبان گشتن و چشم امید ازهمه بر گرفتن ، زبان سبزه و گل وشعر و ساز را فراموش کردن و بی‌عشق و شور زیستن !

قصریکه در آن هیچکس نباشد ، بزمی که در آن همه ساکت باشند ، باغی که گل و گیاه نداشته باشد ، همان زندگی غم‌فزا و وحشت‌زای بی‌عشقی است .

من این زندگی را داشتم یعنی‌زنده نبودم ، یك نگاه او بمن‌جان بخشید ، روح رفته‌امرا باز آورد و آتش خاموشم را برافروخت . اگر روزی ازمحبت، مرده را زنده کنند اعجاز نخواهد بود،خاصیت مهربانی این است منتها ما هنوز این قدرت عجیب را درخود نپرورده‌ایم .

یك‌شب روان‌خسته ووجود پژمرده‌امرا درجمع‌دوستان برده‌بودم، مثل همه میگفتم ومیشنیدم لیکن مثل همیشه خودم و دیگران راتماشا میکردم که مانند بازیچه در دست‌روزگار، دو روزی بفریب زندگی‌در تلاش و محنتیم و روز دیگر زیر پا میرویم ...

روح شاد ، هرخاریرا گل میبیند وهرتلخی را شیرین میکند اما از روان ناامید ، بجز فکرافسرده چه میآید ؟

ازحضوریاران کسل شده بودم ، میخواستم برخیزم و در پی بهانه

میگشتم ، میخواستم بروم ... نمیدانم کجا ! آنجا که دل مرده را زنده میکنند کجاست ؟

بخود گفتم میروم‌خانه،فلان کتابرا میخوانم.در دلم فغان‌برخاست که‌ازخواندن چه حاصل ، این‌نیزمثل کتابهای دیگر ، باری‌برخاطرت خواهد گذاشت .

گفتم بروم گردش کنم . تصورتاریکی و تنهائی ، پریشانم کرد ، ملول وبیچاره درصندلی فرو رفتم وتسلیم شدم. دراین احوال‌بودم که‌در بازشد ومهمانهای تازه وارد شدند ، بیکدیگرمعرفی شدیم اما اسم اورا نشنیدم : بجزچشم ، سایرحواسم تعطیل بود ، حتی‌چشم هم‌خوب‌نمیدید وگرنه چرا بعدها اورا هزاربار خوشگلتر دیدم ؟

دلم را که میخواست ازکف برودبازپس‌آوردم‌و گفتم توخوشگل بسیار دیده‌ای ، چراهراسانی ؟ ازاین‌صنم‌نیزآن‌معجزی که تو میخواهی بر نمیآید .

اما دیدهٔ دل ازچشم عقل تیزبین‌ترست : دلم آرام نمیگرفت ، از ذوق یافتن وخواستن ، آشفته بود واز وحشت اینکه مبادا حق با عقل باشد میتپید .

یکبارنگاه من واو درهم افتاد ، مثل این‌شد که دویارمهجوربهم رسیده باشند ! در آن یکلحظه نگاه ، هرچه خواهش و آرزو داشتم بزبان‌آوردم، یك‌دیوان غزل ازسوزاشتیاق سردادم و درآسمان خاطراو دیدم که فرشتگان مرا میخوانند ...

مجلس درنظرم محو و خاموش شد ، صحبت و صدای دیگران را نمیشنیدم وکسیرا نمیدیدم. درخاطرم تماشا وهنگامه‌ای بپا بود. دیدم

که اینهمه زشتی ازصورت دنیا رفت ومنظری همچو بهشت نمایان گشت، مرغان از نشاط دستان میزدند وآبشاران زمزمه میکردند ؛ شاخساران ازشادی درهم میآویختند و برگها بگوش یکدیگر مژده میدادند که خداوند هرجانی را جانانی آفریده و برهریاری غمگساری گماشته .

من و دلدار در کنارهم دراین بهشت میرفتیم وساکت بودیم. بخلاف همیشه من ازخوشگلی وصفای باغ وبلندی آسمان نمیترسیدم و شرمنده نبودم ، خودمرا میدیدم که ازهمه خوبتر وبزرگتر و خواستنی‌ترم .

یارم سربرآورد وبمن نگاه کرد و گفت آری ... تو از همه عالم خواستنی‌تری . ولولهٔ سرورازملائك برخاست ، غریو شادمانی در افلاك پیچید ، من ازخوشی درخودم فریاد میکشیدم ، صورتم داغ شده بود و قلبم بشدت میزد .

بار دیگروبازچندین بارهمان نگاه پرشور وحکایت ، بین‌مارفت و دل ازجهان رمیدهٔ مرا بازآورد. آری‌سایهٔ‌این‌ساق وبرگها که‌شوریده وار درهم پیچیده ، شرح آرزوی منست ، سایهٔ این گل که برآن‌ساق‌و برگها رسته ، گل‌آرزوی منست .

بخانه بازگشتم اما نه من‌آن بودم ونه‌صحنهٔ‌زندگی . مدتها بود در این صحنه من‌نقش بدیواروتماشاگر بیزاری بیش‌نبودم ، قصهٔ‌سراسر اندوه وناکامی خود را تماشا میکردم وسعیم این بود که عقل را بر دل چیره کنم و خود را بزاری‌های دل ، بیگانه و بی‌اعتنا بسازم . آن یك نگاه برقی بود که بخرمن هستی من زد ، آتش پنهان عشقم شعله‌ور شد وساخته و پرداخته‌های عقل را یکسره سوخت .

خواهش‌ها وآرزوها وناله‌های دیرین بانتقام فراموشیها وجفاهای

رفته سربرآوردند وغوغا بپا کردند : دلم میگفت آن نگاه را ندیدی ، مگر رمز ومعنی آن یك غزل نگاه را درنیافتی ؟ مگر او همان نیست که من سالها میخواستم وتو مرا بسر میدواندی ؟ حالا که او بپای خود از آسمان بخاطر من فرود آمده ، چرا معطلی! من اورا از تو میخواهم و هیچ عذری نمیپذیرم . اورا میخواهم که مال من بشود ؛ دل و جان و سراپای وجودش را میخواهم که بامن همراز و همخوان و جفت باشد . تقاضا دارم تو بخوشگلی او باشی ، باید که از تو بهتر و بالاتر کسی در جهان بچشم او نیاید . اگر عقلت راستگوست ، این معجزه را از او بخواه .

دلم ازشراب آن نگاه مست بود وشوریدگی و دیوانگی میکرد، منهم با او همفکر وهمزبان بودم .

سیه‌روزی وپیروزی هردو زمام خردرا از دست‌میبرند ؛ گستاخانه عزم کردم که دوباره آن‌لعبت را ببینم و خواهش دل‌را بی‌پروا با او در میان‌بگذارم. مجلس‌دیگری‌فراهم چیدم وآن‌مایهٔ‌مرادرا بدام درآوردم. شرح شیفتگی‌دل وشیدائی‌عقل وحکایت حال خودراچنان درهم آمیختم که دریك نگاه بتوان‌بچشم محبوب کشید. اماهرچه صبر کردم ، آفتاب اقبالم دوباره درصورت ونگاه معشوق بر نیامد واز آن‌نگاه جان‌بخش ، اثری‌ندیدم . چشمان فتانش‌را همچو غزال فراری همه‌جا دنبال کردم تا وقتی‌باز نگاهمان‌بهم افتاد. اما... نه بهشتی‌دیدم ، نه صفائی ، نه وعده و امیدی ، نه عنایتی ، نه رحم وانصافی ...

قلبم فروریخت ، میدیدم که جانم مویه کنان از بدن میرود ومن یارای دست یازیدن و افغان کردن ندارم ! وای که چه بیدادی است

درویشی را یک شب بسور و عیش فرا خواندن و فردا باز بدرویشی سپردن .

دیدم اگر پیش‌از این خود را به‌تنبیه عقل، بکشتن‌دل و بی‌عشق زندگی کردن وامیداشتم، بعد از این عقلم جز بحال‌دل سوختن و نالیدن کاری از پیش نخواهد برد .

از مجلس، برخاستم و رفتم که بفراغت بسوزم و زاری کنم .

معشوقرا در خواب دیدم که در گلستان میخرامد و به گلها جلوه میفروشد ، دست دراز کردم وخواستم فریاد کنم اما بخاطرم رسید که آن نگاه رحمت همچوفرشته‌ای به آسمانها پرواز کرده و رفته ومن دیگر برای این دست‌درازی ، بهانه و واسطه‌ای ندارم!

نگارم ایستاد وباهمان نگاه پر مهر وصفا ، لبخندزنان گفت‌بیا ، بیا . . رفتم و بپایش افتادم ، دستمرا گرفت و گفت مگر در آن نگاه ندیدی که من‌تورا پسندیدم ؟ مگر نمیدانی که دل وجانم را ربوده‌ای ؟ من از تو عاشقترم و سخت‌تر میسوزم اما چه کنم که پای‌بندیها دارم ، بایدبسوزم و دم نزنم ، بیش‌از این از من مخواه و برو باخیال عشق من بساز . . . .

. . . .

آری این سایهٔ گل‌همان‌سایهٔ عشقی‌است که بزندگی من افتاده ، من‌این سایه را از گل‌دوست‌تر دارم . همچو عشق‌من، محواست ومبهم ، بکیف‌دل خود درآن‌رنگها میبینم و عطرها میشنوم و صورتها میسازم ، با این‌عشق مه‌آلودتا باوج آسمان پرمیکشم ومحبوبرا بسلیقهٔ دل زینت میکنم و برتخت شاهی خوبان مینشانم . از ساغر آن نگاه شراب آسا

آنقدر مینوشم تامست وخراب باشم ، آنگاه بآرزوی دل غزلها میخوانم و ناله‌ها سر میدهم وعاشقیها میکنم ...

این سایهٔ گل همچو سایهٔ عشق ، جولانگاه تصور و آرزوی من است، وه که این سایه دردل من چه شورها میانگیزد: همچون شب مهتاب است که دنیا پر ازابهام وعشق وذوق جانفشانی میگردد؛ آن وهم تردید امیدبخشی است که درصورت عبوس وخندان دلبر نیمه عاشق پیدا میشود؛ حالی است جانفزا همچوسحرخیزی مشتاقان، تاریك ودرهم وآشفته اما از هرروشنی خوشتر است .

این سایهٔ گل مثل شعر دلکش حافظ ، مرا تا آنجا که پر و بال خیالم بتواند ، درحیرت وجود بسیر وگشت و سرگردانی میکشاند : میبینم و نمیبینم ، میفهمم ونمیفهمم ، هستم و نیستم ...

سیم ساز که زیرپنجهٔ استاد میلرزد، دل‌مرا از جامیبرد. این سایهٔ نامحدودی که در دوطرف سایه‌های اصلی است ، همچو آن سیم ساز که بدو طرف میلرزد ، درگوش من از شوق عشق وماجرای فراق حکایتها میکند ...

آری این سایهٔ گل همان سایهٔ عشقی است که برزندگی من افتاده، من این سایه‌را از گل بیشتر دوست دارم .

فرهنگستان

این سالهای اخیر ، درتهران انجمنی بنام فرهنگستان ساخته و جمعی‌را بزور، بهم‌بسته‌اند. اعضاءاین انجمن نه حقوق‌دارند و نه‌افتخار و امتیازی ، وظیفه‌شان معلوم است اما نه وسایل عمل دارند و نه اختیار و نه آن‌عشق و علاقه‌ای که مشکلاترا از بین برمیدارد. غریزهٔ خودنمائی راهم ازراههای‌دیگر راضی‌میکنند زیرا میدانند که درکار دسته جمعی، اجری عاید فرد نمیشود .

گاهی که دورهم می‌نشینند، هرچه خستگی وبیزاری از گردش ایام درخاطرشان انباشته همراه میآورند ومدتهاچای میخورند و سیگار میکشند و درد دل میکنند تا اکثریت حاصل بشود .

اگر مجلس تشکیل وزنگ افتتاح زده شد ، منشی انجمن مثل عضویکه میداندازفردا منتظرخدمت خواهدشد، سرد و بی‌رغبت، صورت جلسهٔ گذشته را میخواند و هیچکس گوش نمیدهد ، وقتی او ساکت شد ، آقای رئیس بالحن شوخی میپرسد : آیا بصورت مجلس ایرادی نیست ؟

اما درجلسهٔ قبل‌کاری نشده که کسی بصورت‌مجلس ایرادی داشته

باشد ! حرکات خسته ومبهم سرها دلیل برصحت و تصویب صورت‌مجلس میشود واینکار مهم بخوشی میگذرد .

آقای رئیس خطاب به منشی میگوید «در دستور چه داریم ؟ ... گرچه... یك ربع بیشتر بظهر نمانده .لازم‌است بوسیلهٔ مراسله ازآقایان اعضاء غائب خواهش کنید که بعد ازاین زودترتشریف بیاورند تا بشود کاری ازپیش برد . الآن یکربع ساعت داریم بظهر ، تا بخواهیم شروع بکار بکنیم ظهراست ، آقایان هم که بعضی دستور غذائی دارند و باید سرظهر غذا میل کنند ...»

آقای منشی انجمن خندهٔ تلخی میکند ومیگوید «گمان‌میکنم بآقایان اعضاء غائب باید نوشت که درجلسات حاضر بشوند و ازآقایان حاضر باید تمنا کرد که زودتر تشریف بیاورند . »

آقای رئیس خندهٔ درازی میکند ومیگوید ، بله ؛ شاید مقصود من‌هم همین بود ...

همگی متبسم میشوند وقوطی سیگارها بخنده دهان باز میکنند اما یکنفر که اتفاقاً امروز زودتراز دیگران‌آمده میگوید : واقعاًاگر آقایانی که زحمت آمدن‌را بخودشان میدهند زودتر تشریف میآوردند که‌کاری انجام میشد ، بهتر بود .

دیگری میگوید : والله بنده‌خیلی بزیارت‌آقایان مشتاقم اماامور وزارتخانه طوری‌است که مجال نمیدهد .

ساعت مسجد سپهسالار زنگ دوازده رامیزند وجلسه‌ختم‌میشود.

مقصودم خدای نکرده با فرهنگستان شوخی کردن نیست زیرا اگرامروز بجهاتی ازاین‌هیئت اثری ظاهر نمیشود ، این اساس ذاتاًلایق

حفظ واحترام است وبلاشك درآینده منشأ اثرات مفید وبزرگ خواهد گردید .

مقصودم این بود که فعلا این انجمن خاموش است واگر گاهی بعضی ازآقایان خیراندیش انتقادی نکنند وازاین هیئت صحبتی بمیان نیاورند حتی نام آن فراموش خواهدشد .

بایکی ازدوستان دانشمند که از نویسندگان خوب ما است در لندن صحبت ازفرهنگستان بمیان آمد. پس ازآنکه چندی باین انجمن عیب وایرادگرفت ، گفت «اگرعذرشما این است که فرهنگستان وسیلهٔ کار ندارد ، حرفی نمیزنم لیکن آیا در کشورما یك مشت آدم باسوادهم نیست که مجبور شده‌اند فلان آدم بیسواد را که حتی فارسی نمیداند بعضویت فرهنگستان انتخاب کنند !

آخر ببینید درآسمان فرهنگستان فرانسه چه ستاره‌های نورانی میدرخشد ! خیال میکنید این دستگاه را بیجهت ساخته‌اند !

نام وعظمت ادبی وعلمی فرانسه بیشتر مدیون این دستگاه است، دنیا درمقابل دانشمندانیکه فرهنگستان فرانسه را تشکیل میدهند سر تعظیم فرومیآورد . از سدقرن پیش تا بحال که فرهنگستان فرانسه ایجاد شده کدام عضو بیسوادی را که درزبان فرانسه استادنباشد باین انجمن راه داده‌اند ؟ چه نفوذی توانسته یکنفر را که شایستگی عظمت این انجمن را نداشته باشد درآنجا داخل کند !آخر چرا وقتی ما اینهمه ادیب ودانشمند داریم، آدم بیسوادبفرهنگستان میفرستیم، چرا ازدیگران پند وسرمشق نمیگیریم . درکارعلم و ادب چرا خصوصیت بخرج میدهیم واین یگانه افتخاری را که برایمان باقی مانده لکه‌دار میکنیم !. . »

برای اینکه‌کار بمباحثه نکشد موضوع صحبت را عوض کردیم .

چند روز بعد با مسیوماسین‌یون ، عرب‌ی‌دان مشهورفرانسه ملاقات کردم ازهرمقوله صحبت میکردیم تا بفرهنگستان فرانسه رسیدیم . پیر مرد زرد وسرخ شد وبا التهاب وخشم فراوان گفت «از این دستگاه خراب‌تر و بی‌معنی‌ترسراغ ندارم ! آیامیخواهید بدانید دراین انجمن چه‌اشخاصی رخنه کرده‌اند ، پس گوش بدهید .

چندروزپیش یکنفر ناشر کتاب یعنی کتابفروشی که برای تملق ، نوشته‌های بعضی از آقایان اعضاء فرهنگستان را چاپ میکند و خوب میفروشد وپول سرشاری بجیب‌آقایان‌میریزد ، بکمک‌همین‌آقایان بی ـ انصاف ، بعضویت فرهنگستان فرانسه انتخاب شد در صورتیکه این‌آدم نه‌تنها از ادبیات بوئی نبرده ، بلکه زبان فرانسه راهم خوب نمیداند ! این‌است فرهنگستان فرانسه که ما بآن میبالیم ... »

شرح این ملاقات و کشف عجیب را تنبلی کردم وبرای‌آن‌دوست عزیز بلندن ننوشتم اما این روزها درتهران برایش حکایت کردم .

آشیانهٔ محبت

صبح تابستان ازشمیران بشهرآمده بودم . درسرچهار راه قوام‌السلطنه شخصی را ازپشت سردیدم وسیل خیال بخاطرم فروریخت .

برفیقم که صاحب اتومبیل بود گفتم نگاهدار که من همینجاپیاده میشوم . گفت مگرتو نمیخواستی اول وقت بدنبال فلانکار بروی وآنهمه اضطراب‌داشتی که‌مبادادیربرسی؟ پس مرابرای‌چه‌این وقت‌بشهرآوردی!

گفتم نگاهدار که‌کارواجب‌تری برایم‌پیداشده . توهم برای‌آنکه سرگردان نباشی برو بجای من‌آن‌کار مرا انجام بده .

پیاده شدم وبعجله براه افتادم که بآن شخص برسم. آنقدرآهسته میرفت که بیزحمت باو رسیدم ومدتی درعقبش بودم که ببینم آیا همان است که میشناسم یا اشتباه کرده‌ام .

بیست سال پیش هرهفته شب‌دوشنبه بمنزل یك خانم امریکائی که بمن انگلیسی درس میداد میرفتم . خانم آنشب را از دوستانش پذیرائی میکرد وچون زبان تکلم . انگلیسی بود من ازحضور درآن مجلس‌غافل نمیشدم . درآن جلسات ،اغلب‌خانم‌مسنی میآمد که مورد توجه واحترام همه بود .

بسیارروان وشیرین‌حرف میزد واز هررشته، معلومات‌کافی داشت. هرموضوعی‌را باقصهٔ دلکشی میآمیخت وچنان گرم وخوب صحبت‌میکرد که همه مفتون میشدند .

یك‌بار که پیش‌خانم امریکائی بدرس رفته بودم ، گفتم اگرمانعی نباشد امروز شرح حال این خانم سخندانرا برای من بگوئید و بجای درس حساب کنید .

گفت «این‌خانم تحصیلات‌عمیق‌دارد اما آنچه ازسخندانی ودانش او بیشتر سزاوار اهمیت و تعجب است ، قدرت روح اوست . همه وقت بهمین‌آرامش ووقاراست ودرهرحال میخندد وخوشروئی‌میکند درصورتی که اگر ازبدبختی‌های بی‌حساب این زن یکی بسرمن آمده بود خودم را باخته بودم .

بیچاره‌هرچه داشته ازمکنت وشوهر وخانواده همه ازدستش‌رفته، حالا چندی است که از فلاخن قسمت باین شهرافتاده، دریك اتاق نیمه مفروش ، زندگی میکند وگاهی غذا ندارد اما اگر کسی از روز سیاه این زن بی‌خبر باشد، ازصورت بشاش وکمرراست وسر پرتکبرش خیال میکندکه بایکی از مردمان بیغم وخوشبخت دنیا روبروشده »

بیست‌سال پیش، آن زن یکجفت زنگار نخودی رنگ میبست و یك کلاه حصیری بزرگی‌بسرمیگذاشت . آنشخص راکه درسر چهارراه قوام‌السلطنه دیدم وبدنبالش‌رفتم همان‌زن بود. بیك‌نظر اورا از آن‌طرز راه‌رفتن وخودرا گرفتن وازهمان‌زنگارهای‌نخودی‌رنگ و کلاه‌حصیری شناختم لکن باخود گفتم اشتباه میکنی، ممکن نیست زنگار نخودی و کلاه حصیری بیست‌سال دوام کند ، محال‌است زنی بآن سن و با آنهمه

بدبختی بیست سال دیگرهم باروزگار جدال کرده باشد و باز اینطور فاتحانه راست برود و گردن بگیرد .

چندی پشت سرش رفتم ودیدم زنگارها چنان سائیده و پاره شده که حکایت از بیست‌سال عمرمیکند واز کلاه حصیری بجز یکمشت حصیر پوسیده چیزی نمانده ، لکن‌باز مطمئن نشدم که او باشد .

نزدیك رفتم واز گوشهٔ چشم وارسی کردم ، همان‌خانم بود؛ سلام دادم وجواب سرد وپرافاده‌ای شنیدم . گفتم من‌همانم که بیست‌سال‌پیش در منزل دکتر کلاك باشما آشنا شدم .

باچشمانی که ازغبار ایام پوشیده‌بود ، بمن‌نگاه کرد و گفت یادم آمد ، شمارا میشناسم ، احوال‌شما چطور است !

گفتم راست‌بگویم تا الآن خودمرا خیلی گرفتارمیدانستم وخیال میکردم که باید غصه بخورم ورنج‌ببرم وچاره‌ای ندارم اما حالا که شما را میبینم پس‌از اینهمه ستیزه باروزگار، اینطور فاتح وفیروزید ومثل خدنگ، راه میروید ، مشکلاتم همه‌آسان شد، از دیدن شما راه فکرم تغییر کرد ، شکل ورنگ دنیا را طور دیگر میبینم ، مثل این‌است که این سنگ وآجرها وهرچه سختی درعالم هست همه نرم ومهربان شده باشد .

سر و گردن فرتوت خودرا بزحمت، یك‌ناخن بالا کشید وتبسمی پیرانه کرد و گفت‌از وقتی دکتر کلاك مرحوم شده من‌بخانهٔ کسی‌نمیروم اگر میخواهید مرا ببینید بخانهٔ خودم بیائید .

نشانی‌خانه را گرفتم وازهم جدا شدیم . شاید ماهی‌طول کشید تا روزی اتفاقاً از آن کوچه میگذشتم . رفتم وآن خانه‌را در زدم وسراغ

آن خانم را گرفتم. میخواستم ببینم آن پیرزن پرطاقت با چه وسائلی زندگی میکند.

صاحب خانه که زن ارمنی بود دررا گشود وخیال کردمن طبیبم. گفت آقای دکتر، خوش‌آمدید، ما عقب شما فرستادیم اما پولتان را باید از خود کرایه‌نشین بگیرید.

باتاقی تنگ و محقر وارد شدم. گلیم کوچك پاره‌ای در میان افتاده وباقی خاك بود. خانم را دیدم که زیر پتوی مندرس و سوراخی روی تخت شکسته‌ای خوابیده، گفت بیائید ونزدیك من بنشینید.

روی چهار پایهٔ کوتاهی نزدیك تخت‌خواب نشستم. دستش‌را در دست من گذاشت ومدتی بصورتم نگاه میکرد. پرسیدم حال شما چطور است؟ گفت «تا الآن بازندگی جنگ میکردم و خیال مردن نداشتم اماحالا که شما آمدید، دست ازجنگ برداشتم و راحت‌شدم، حالادیگر حاضرم بمیرم‌چون می‌بینم دراین‌دنیای بزرگ یکی هم‌هست که بوجود من توجهی‌داشته باشد. شما که خانواده ودوستان دارید نمیدانیدبیکسی چه دردیست. من بیست وپنجسال‌غریب وتنها با روزگار ستیزه کردم، هرگز نالیدم واشك‌نریختم چون میدیدم گوشی‌نیست که نالهٔ مرابشنود، دستی نیست که اشکم‌را خشك کند. شما نمیدانید اشك‌ریختن وننالیدن چه محنتی‌است، هزاربار از مردن مشکلتراست. مردم که گردن کشیده و صورت خندان مرا میدیدند خیال میکردند خوشبختم ولی من دروغی خودنمائی میکردم و رنج میکشیدم، دلم نمیخواست منکه غمخواری نداشتم، کسی بدیدهٔ حقارت بمن نگاه کند. بعد از بیست و پنجسال عذاب و تنهائی وغربت کشیدن، دراین یك‌لحظه که شما دست مرا در

دست خودتان گرفته‌اید، زندگی‌میکنم. این اول‌بار است که‌بعد از این مدت‌اشکم میریزد، چون تابحال‌هیچکس بجزشما متوجه‌حقیقت‌حال من نشده بود. بگذارید پیش‌ازمردن یکبارهم در دامان دوست گریه کرده باشم. به که چه راحت‌میمیرم، چون میدانم که دل شما بحال‌من میسوزد»

از آنخانه بیرون‌آمدم و زیر بارغم خمیده بودم: چشمم بآشنائی افتاد، بشتاب پیش رفتم و تعارف فراوان کردم و گرم گرفتم. در چشمش میدیدم که ازاین گرمی بی‌سابقه، تعجب کرده، دلم میخواست دستش‌را بگیرم وبگویم مگرنه تو مرا میشناسی واگرصدمه‌ای‌بمن بخوردافسوس میخوری؟ آیا میدانی این آشنائی برای من چه قیمتی دارد؟ اما چرا تابحال من قدر این آشنائیرا نمیدانستم، چرا با تو دوستی نمیکردم! از امروز من باتو دوستم....

همینکه بخانه رسیدم همه را دورخود جمع کردم ودلشان را از سرگذشت‌آن پیرزن سیاه روز بدرد آوردم، گفتم بیائید ما که خانواده و دوست غمخوار داریم، قدراین نعمتهای بهشتی را بدانیم وبعداز این باهمه بمحبت وگرمی رفتار کنیم، در راه دوستی از کبر وناز و خود-خواهی بگذریم و کم خودمان بگذاریم، هوسهای بچگانه را فدای یاران کنیم که از بی‌یاری وبی‌غمخواری در دنیا رنجی سخت‌تر نیست. بخدا وطن‌را که آشیانهٔ محبت و دوستی‌ما است بپرستیم که در هیچ نقطهٔ عالم بقیمت هیچ‌بولی، دوستان وغمخواران بوم و دیار خودراپیدا نمیکنیم.

از آنروز در خانهٔ ما عیش مدامی بپاست.

زشتی

غروب بود و برق خانهٔ ما روشن نمیشد. از تاریکی اتاق به نیمه روشنائی حیاط پناه بردم و باین بهانه خود را از پشت میز تحریر خلاص کردم.

درپائین پله بیرون از باغچه، درخت اقاقی کهنی است که دیگر حوصلهٔ برگ وگل کردن ندارد ولی بتصور اینکه شاید دوباره پیر، جوان بشود وگل کند، زنده‌اش گذاشته‌ایم!

یك پهلو بدرخت تکیه دادم و فکر میکردم، اما مکرر چیزی بسرعت از گوشهٔ چشمم میگذشت ورشتهٔ فکرمرا قطع میکرد. روبروی درخت ایستادم وچشمهارا خوب باز کردم که ببینم روی آن پوست زبر و خشن، چه موجودی میتواند باین تندی راه برود.

ناگهان حیوان عجیبی دیدم آشفته و سرگشته، دیوانه‌وار دور تنهٔ درخت میچرخید وبالا وپائین میرفت. چنان تند حرکت میکرد که مدتها نتوانستم ببینم چه جانوری است. سرمرا عقب گرفتم و مواظب بودم که خودشرا بمن پرتاب نکند.

یکبار ایستاد، میلرزید و متحیر بود که چکند و از کدام طرف

بدود. البته حشره‌شناسان میدانند چه جانوری بود امامن هنوز نمیدانم. ترکیبی بود از سوسك و رطیل وعقرب ، دارای چندین پای پر پشم و خار و شاخهای دراز که شلاق‌وار بهرطرف میانداخت .

از دلم گذشت که‌خدایا تو که اینهمه ذوق داری و این صورتهای مثل ماهرا میسازی ، اینهمه زشتی را برای چه باهم آمیخته‌ای ! باین شکل کریه و هولناك چرا جان داده‌ای که دراین وقت غروب از جان خود سیرم کند ؟

تاخواستم برنفرتی که از دیدن آن جانورداشتم فایق‌بیایم ودرست نگاهش کنم ، بحرکت درآمد و باز فرفره وار دور درخت میپیچید و بالا وپائین میرفت . محو این تماشا بودم و فکر میکردم این حیوان از این درخت خشك چه میخواهد که اینطور پریشان و سرگشته بهرسو میدود ! از اینهمه تکاپوی بیحاصل چرا خسته نمیشود و نمیرود توی سوراخی دور از چشمها بمیرد !

دراین خیالات بودم که جانور در مقابل من ایستاد ، یك لحظه بیحرکت بود و لحظهٔ دیگر شاخها را بتاب وپرتاب درآورد . دست و پاهای پرخار را بهم میمالید و بی‌تابی میکرد .

ناگهی نفهمیدم از کجا ، یکی مثل‌خودش رسید وپس‌از یك‌لحظه تأمل ، مجنون‌وار در معشوق آویخت ، همدیگر را درآغوش کشیدند، شاخها وپاهای پرپشم و خار مشتاقانه بهم میپیچید و سرها مستانه درهم میشد و جانها بهم میچسبید . چه یادگارهای دلربا که از این تماشا بخاطرم آمد، خوش وغمگین‌شدم ، بلذت عشاقرا نظاره میکردم وآنهمه زشتی‌را فراموش کرده بودم . یکمرتبه عاشق ومعشوق از یکدیگر جدا

شدند و یك دم با تعجب و وحشت و تهدید بمن نگاه کردند و پا بفرار گذاشتند !

دیدم که رفتند بالای درخت، میدویدند تا بآخرین نقطهٔ بلندترین شاخه‌ها رسیدند ، همینکه بخدا نزدیك شدند ، شنیدم نالیدند که ای خدا این حیوان زشت را با این کلهٔ بزرگ و مهیب چرا خلق کرده‌ای ! چرا بجای این دیو کریه کوه‌آسا هزاران هزار مثل‌ما نیافریدی ! چرا گذاشتی عیش‌ما ازوحشت وجود این‌غول بی‌شاخ ودم ، برهم بخورد!...

✩✩✩

راستی نکند ماهم با این‌همه خود آرائی و ناز و نخوت ، بچشم دیگران زشت باشیم !

عیش پیری

ای عقل ، پیمان پارینه را بیادم میآوری که هزار دلیل آوردی و از عشق توبه‌ام دادی! حق با تست اما مگر نمی‌بینی نوبهار چه قیامتی بپا کرده ، دنیای پیر باز جوان شده ، من چرا جوانی نکنم ؟

میگوئی آدمی دوباره جوان نمیشود وجوانی بپیری نمیبرازد.

نقص از تست که جز ظاهر نمیبینی وگرنه عکس باغ وصحرا و بهار را در دل من با صفاتر میدیدی . . . گلهای دل من میخندند. جویبارهای خاطر من میگریند، مرغان گلزار خیال من با نوای هرچه بلبل عاشق در جهانست ترانه میزنند . معنی آنچه را درصورت نوبهار می‌بینی دردل من بخوان : این برگشت‌بهاری ، یعنی ناکامی میگذرد ، باید بامید خوشی، عالمرا سراسر قشنگی دید ، باید بدیها را بخشید و جز زیبائی ونیکی نپرستید . یعنی ناکامی میگذرد اما خوشی هم دیر نمیپاید ، تا دنیا جوان است باید عیش وکامرانی کرد و به‌نصایح عقل خندید ...

ای عقل، مهلت‌بده این بهارهم جوانی کنم ، بعد ازآن فرزانگی خواهم کرد . دیگر نگو و فریاد نکن که گوش و دلم جز غوغای بهار

حرفی نمیپذیرد .

وه که چه خوش عیش وجوانی میکنم ، جان وتن را بپای خوبان میریزم وبریش عقل‌میخندم... اما این‌چه تلخی‌است که‌با اینهمه شیرینی آمیخته؟ این چه‌صدائی است که آزارم میدهد وعیشم را برهم میزند؟

میپرسد سال دیگر چه خواهی کرد ؟ .. سال دیگر چه خواهی کرد ؟ .

فرشته

بارفیق عزیزی در پاریس بودم ، یکروز که بیش‌از همیشه برسر مهر بود گفت تو که اینقدر زیبائی‌را دوست‌داری بامن بیا تا یك‌خوشگل تمام نشانت بدهم .

آدم تنبل را که دایم در خواب وخیال دست و پا میزند وبجائی نمیرسد ، آسان و بیزحمت بخواهش دل رساندن ، خیلی محبت است . گفتم خدا عمرت بدهد. رفتیم و در خانه‌ایرا کوبیدیم، دختر کی مثل سیب رسیده ، سرخ وباطراوت وخوردنی ، بیرون آمد . آهسته ازرفیقم پرسیدم همین است؟ بمن تبسمی کرد وبدختر گفت مثل‌اینکه نمیخواهی ما را راه بدهی، مگر نمیدانی خانم امروز مارا بجائی دعوت کرده!

دخترك سرختر شد و گفت خانم کسالت دارد اما شما را چند دقیقه میپذیرد ، بفرمائید .

رفیقم رفت ومن ایستادم ، برگشت و گفت چرا نمیآئی؟ گفتم از انصاف وادب دوراست‌مریضی‌را ناراحت کنیم ، بیا برویم منزل‌ما، چائی خوبی از ایران برایم فرستاده‌اند .

خندید و گفت بیا ، تو عقلت نمیرسد ، ما که مریض نیستیم .

مرا کشید وبرد و وارد اتاق خواب خانم کرد. یك فرشتهٔ بی‌پر و بال ، روی تخت‌خواب درمیان یك خرمن حریر و اطلس وتوری ، فرو رفته بود .

خانم با نگاه و لبخندی بیمار ، دستش را برای بوسیدن بطرف رفیقم دراز کرد و گفت میترسم از گرمای تب من لبهایت بسوزد.

من بجای رفیقم خجالت کشیدم ودلم برای آن زن بیچاره سوخت که میبایستی با آن حال زار ، از ما مردم ادب نشناس پذیرائی کند . رفیقم مرا معرفی کرد که فلانی چنین و چنان است و برمن منت گذاشته که‌ساعتی ازمیز کارش جدا شده، حقیقت این است که خواستم باین مرد فکرومطالعه یك شاهکار خلقت نشان بدهم تا بداند سرّ خدا را باید در صورت دید نه در کتاب و تصور.

خانم دستش را بطرف من دراز کرد ، گرفتم و آهسته تکان دادم ودرچشمش خواندم که بمن میگوید «فهمیدم چرا دستم را نبوسیدی و آهسته تکان دادی ، نخواستی آزارم کنی ، از همین یك نکته باحوال دلت پی بردم . »

دوستم از من فارغ شد و بخانم پرداخت ، گفت امشب باید با این دوستمان به اپرا برویم ، الآن فرستادم بلیط تهیه کنند .

درخاطرم نالیدم که ای رفیق خودپرست ، مگر تو رحم وانصاف نداری! بجای‌اینکه بحال این حور بیمار برسی و بسر بروی و برایش طبیب و دوا بیاوری، میخواهی برای لذت چندساعتی، یك‌همچه وجود نازنینی را بمرگ بسپاری !

خانم مثل اینکه فرشتگان آسمانرا بیاری میطلبد ، چشمها را

بسقف انداخت و گفت مگر از من سیر شده‌ای ؟ دلت میخواهد پس بیفتم و بمیرم ؟

رفیقم خندهٔ پر صدائی کرد و بخانم گفت راستش اینست که تو هرچه ناخوش باشی ودر خانه بخوابی من خوشترم .

خانم لبخندی زد و هیچ نگفت . من بفارسی برفیقم گفتم این‌چه طرز صحبت ومعاشقه است ، چرا بیچاره را اینطور آزار میکنی ؟

رفیقم خندید وبفارسی گفت جهنم که این نیامد ، میرویم و یکی دیگر را میبریم .

فغان حسرت در نهادم برخاست ، در دلم فریاد کردم که ای خدا مگرمیشود غیراین فرشته دیگریرا هم دوست‌داشت ؛ مگرمیشود انسانرا برحور بهشتی ترجیح داد! ای کاش‌من بجای این رفیقم بودم ، گردنمرا بپای این تختخواب می‌بستم وجز این‌آشیان دردیگری نمیجستم ، هرچه فرشته و بت و صنم در دنیا است بدیگران می‌بخشیدم و همین یکی را می‌پرستیدم . ای رفیق، مگرتو از سنگی ، مگر چشم ودل وذوق وعقل نداری چرا قدرمحبت وخوبی این فرشته‌را نمیدانی که در بستر بیماری با بی‌مهربانی ازتو پذیرائی‌میکند، چرا اینهمه زیبائیرا چشمت‌نمی‌بیند مگر از این حور بهشتی، زیباتری هم روی زمین هست ؟ چه بلهوس و بی‌وفا وسخت دلی که میخواهی با دیگری به‌اپرا بروی . کدام تماشا از این صورت آسمانی فریبنده‌تر ، کدام موسیقی ازاین صدا شورانگیزتر، کدام شعر از این گیسو پریشان کننده‌تر ؟ ای افسوس که من بجای تو نیستم ....

رفیقم بخانم گفت این آقا نه تنها ادیب است ، موسیقی را هم

میپرستند ، ازهرلذتی میتواند چشم بپوشد مگر از شب اپرا وگرنه چون تو ناخوشی ، منهم نمیرفتم .

خواستم فریاد کنم که بخدا دروغ میگوید ، موسیقی صدای تو مرا ازهرچه ساز وآواز است بی‌نیاز کرده ! دیدم خیانت و ناجوانمردی خواهد بود ، دندان روی جگر گذاشتم وصدایم بیرون‌نیامد لکن راست بگویم هرچه میتوانستم آثار حزن و غصه و شیفتگی در صورت ظاهر کردم و در تلو یك‌نگاه ، بچشم خانم کشیدم . چشمهارا بزیرانداخت ونفس عمیقی کشید . دانستم که از آن یك نگاه من آنچه باید فهمیده و مرا شناخته .

خوشوقت شدم اماحال دیگری که مرکب ازاضطراب وشرمساری بود ، بجان شوریده‌ام حمله‌ور شد . بنظرم میآمد که رفیقم میداند چه خیالها از خاطر من عبور کرده ، راز دلمرا از آن یك نگاه فهمیده و دریافته که من‌این صنم را درخور عشق وپرستش خودمیدانم نه مستوجب هوسبازی او ...

حال عجیبی داشتم ، برای اینکه از آن شکنجه خود را خلاص کنم ، بفارسی برفیقم گفتم دراینصورت خوب است مابرویم . گفت‌برویم تا آن یکی‌را نشانت بدهم ، ببین کدامیك قشنگك‌تر است .

برخاستیم وخداحافظی کردیم ، بازمن آهسته دست‌خانم را تکان دادم که آزارش‌نکرده باشم اما رفیقم مکرر دست وصورت خانمرا بوسید وجان مرا بلب آورد. وقتی بکوچه رسیدیم برفیقم گفتم یادم رفته بود بتو بگویم که من امشب کار واجبی دارم ونمیتوانم باتو بخانهٔ آن خانم دیگربا به اپرا بیایم .

هرچه اصرار کرد نپذیرفتم ، صورت آن فرشته پیش رویم بود و میگفت میخواهی بروی و دیگری جز من را ببینی ؟ مگر تو عاشق دلخستهٔ من نیستی؟ پس آنهمه صفا ووفا که درچشمت‌دیدم همه‌دروغ بود؟

بارفیقم نرفتم وبخانه برگشتم ، شب‌را تاصبح خواب وبیدار بودم وهر دفعه که دل میخواست برای ربودن آن حور بهشتی از دست رقیب نقشه‌ای بکشد، نهیبش میزدم و میگفتم « من و خیانت ! خرابی تو که سهل است ، دنیا اگر زیر و رو بشود من برفیقم خیانت نخواهم کرد ، بسوز وبنال و هرچه میخواهی بکن لکن از من انتظار چنین عملی را نداشته باش » .

آنقدر بادل زد و خورد کردم‌تا درآخر ، عقلم میانجی شد وکاررا اصلاح کرد ، گفت:«این فرشته بهمان‌اندازه که دیدی زیباست ، باهوش و فراست است ، در همان یك ملاقات کوتاه و از همان یکی دو نگاه پرمعنی، تورا شناخت ودریافت که چقدر از بی‌ادبی وسنگ‌دلی رفیقت خجالت میکشیدی و رنج میبردی، فهمید که قدر زیبائی ومحبت را تو میدانی نه رفیقت، دانست که صددل عاشق ودلباخته اوئی.اوهم دلی‌دارد و آندل را یك‌باره بتو باخته ، دراین شب تار ازعشق تو نالان و درپی چاره است . . آری فردا به‌بهانه‌ای نشانی خانهٔ تورا از رفیقت خواهد پرسید و به‌بهانهٔ دیگری بارفیقت بهم خواهد زد واز این پس بجز تو در دنیا یاری نخواهد گرفت . مبادا این دو روزه از خانه بیرون بروی که معشوق، یکی‌ازاینروزها بسراغت‌خواهد آمد ودرآغوشت خواهد کشید و بآسمان عشق ومحبت پروازت خواهد داد ... دراینصورت تو خطا و خیانتی نکرده‌ای، شاد وآسوده بخواب ... »

دو سه روز بعد، رفیق بسروقتم آمد و گفت دلم میخواست فردا شب با تو برویم بمنزل همان خانم آن‌شبی، شام بخوریم، حالش خوب شده، تلفن کردم که خبرش کنم، اگر بدانی حرامزاده چه جوابی بمن داد! گفت من از آن رفیقت خوشم نمیآید. آدم باین خشکی و عبوسی ندیده بودم! آن نگاههای مغموم و غضب‌آلود چه معنی داشت! نزدیک بود دیوانه بشوم، بنظرم میآمد که کشیش آمده ازمن اقرار گناه بگیرد وبآن دنیا روانه‌ام کند!

راستی تو با این خلق خوش، آنروز چرا آنقدر تلخی کردی؟

گفتم ابله شده بودم و صدبار از آن رفتار ناپسند، از تو معذرت میخواهم.

بی وفائی

با یار تازه رفتیم بصحرا، چون در تنگنای شهرآزار میکشیدم ، در ودیوار رنج وخجلتم میدادند ، میگفتند مگر توبا آن یار قدیم عهد وفا نبسته بودی؟ ما بارها شماراچون دوجان شیرین باهم دیده بودیم ، پس این یار تازه کی است !

در هر عبارتی که میشنیدم و در هر کلمه‌ای که بر سر دکانها میخواندم حرفی از اسم او بود ، هرجوان خوبی که میگذشت، نکته‌ای از زیبائی‌او رابخاطرم میآورد. ازآواز طوافان وآهنگ رادیوی دکانها، ناله‌های دل او بگوشم میرسید ، هر که بمن نگاه میکرد میگفت ای بی‌وفای سست پیمان ، برو که رازت فاش است .

آری، با یار تازه‌رفتم بصحرا که نگاه‌آشنا نبینم وسرزنش‌نشنوم. ذرات آفتاب چون اشکهای تأسف ازچشمهای ملول و پرعتاب خورشید میلغزید وبر سرم فرو میریخت . ریگهای بیابان مثل دوستانی که ازهم جدا کنند زیرپایم مینالیدند و میگفتند تنها بما ستم نمیکنی، از دست جفای تو دلی هم نالان است . نسیم از همان عطرهای بیابان که با یار قدیم دوست داشتیم ، برسر ورویم میپاشید واز آن سخنهای عاشقانه که

باهم گفته بودیم ، بگوشم میرسانید : میگفت من زخمهای کهنهٔ دل را تازه میکنم و میسوزانم .

با یار تازه از بیابان بباغ رفتم که بیش ازآن نسوزم . درختهای سرو دست میجنباندند و مویه میکردند که ای دریغ ، آنکه برسرش چتر میزدیم چرا باتو نیست؟! اما در گیسوانش سایه روشن‌ها میانداختیم و خوش بازیها داشتیم .

آب روان ، لرزان و گریان میرفت ومیزارید که ای‌امان ، نقش آنصورت را من هزار بار شسته‌ام و بخاطر دارم ، این او نیست ، پس او چرا با تو نیامده ؟

گلها ازحسرت، زرد وسرخ میشدند ومیگفتند ای افسوس، مگر چشم دیگری هم میتواند قشنگی مارا ببیند یا انگشتانی بآن نرمی و لطافت ما را بیاراید یا سینه وگیسوئی ، بآن مهربانی وادب ، بهترین جای خود را بمابدهد ؟! پس اوچه شد، او را چرا باخود نیاوردی ؟

یار تازه‌ام گفت چرا غمگینی ؟ حالا که وقت فکر وغصه نیست !

هیچ نگفتم ودر خاطر نالیدم که مگر تو اینهمه ناله و مویه و سرزنش را نمیشنوی ، مگر نمیبینی از زخم یادگارها در دل من چه خونی میرود ! ازاین دل خونین چه میخواهی .

گویا نالهٔ دل‌مرا شنید، گفت مثل‌این است که مرا دوست‌نداری، خیالت بامن نیست ، پس چرا فریبم دادی ؟!

خواستم دستش را بگیرم و ببوسم ، مرغان بالای سرم چنان برآشفتند که از پشیمانی سرم بسینه افتاد . میشوریدند و میگفتند بشنو چه غزل‌ها که در آواز و شور ما نهفته ، همه در وصف مهر و وفاداری

است ، آواز و غزل که بیعشق وصفا نمیشود! عشق که بی‌وفا و پایداری نخواهد شد .

صبر کردم تاشب بیاید که آفتاب برود ، مرغان از آواز بیفتند ، درختها محو وآینهٔ آب تاریك بشود ...

ماه درآمد وصورت معشوقان جهان پیدا شد ، غم عشق وحکایت هجران و رقت دوستی و صفای وفاداری دنیا را فرا گرفت ، یادگارها همچو طفلان مادر مرده ، اشك‌ریزان بر دست و دلم آویختند که یار قدیمرا در نور ماه ببین که ازجور تو چه رنگش‌پریده ، بیا واز بیوفائی بگذر وگرنه عیشت از لابه وزاری ما پیوسته پریشان خواهد بود...

وحشت‌زده باتاق رفتم و نگذاشتم یارم چراغ روشن کند تا مگر تشویش خاطرم درتاریکی فرو بنشیند . خواستم بآغوش یار پناه ببرم و از بوسه مرهمی بدردم بگذارم ، ناگهان برقی زد و یار قدیم بچشمم روشن شد !

تبسم محزونی کرد وهیچ نگفت ورفت. یك عالم شکوه وگله در آن یك نگاه دیدم و بی‌اختیار نالیدم .

یارم بقهر پرسید که مگر از من خطائی رفته ؟ عشق ومحبت که با آه وبیزاری سر نمیگیرد !

گفتم نه آن‌چنان دوستت میدارم که بتوانم تورا فدای خود کنم، دریغم میآید که جان و دلی یکباره تسلیم تو نباشد ، شایستهٔ عشق تو نازنین ، آن دلی است که دیگری درآن مأوا نگرفته باشد ، من دل و جانمرا بدیگری داده‌ام یار بیوفا لایق عشق تو نیست ...

آهی کشید وگفت فهمیدم ، میخواستی قوهٔ دلربائی خود را در

وجود من آزمایش کنی و ببینی تا چه اندازه در معشوقت اثر داری ... میخواستی گناهی بگردن بگیری تا خود را مستوجب عجز و زاری بیشتری در پای معشوق کرده باشی . . . . میخواستی بدانی که دیگری نمیتواند جای معشوق تو را بگیرد ....

آری‌میخواستی .... اما چه بیرحمی ! کسیکه دلش‌را بیکی داده چرا از دیگری دل میبرد !

پیش از جدائی

هر چه فریاد میکشیدم نمیشنیدی که در طوفان گرفتارم و دستمرا نمیگرفتی ! از این عجیب‌تر ، تو هم میسوختی و من بفریادت نمیرسیدم !

میدانستم که عاشق همدیگریم اما مثل اینکه در خواب باشیم چشم وفکر و زبان، باختیار ما نبود : صورت نازنین عشق‌را بهزارقیافهٔ موحش میساختیم و زبان‌را از آشوب خیال ، هزار پیچ و تاب ناروا میدادیم . تو میدانستی که‌من ترا میپرستم،منهم یقین داشتم تومرادوست داری ، پس اینهمه چرا جان یکدیگر را ریش میکردیم ! این چه بهانه‌هائی بود که برای آزار خودمان میگرفتیم ! آیا راستی دلمان میخواست که‌آتش این عشق را با آن نگاههای تند و حرفهای سرد ، خاموش کنیم ؟

واویلا که این‌آتش جان ما بود واگرسرد میشد مرده بودیم !هر دو خوب میدانستیم که باین عشق زنده‌ایم .

پس چرا تا بیداربودیم دایم بهم نیش‌میزدیم وباهم میجنگیدیم، وقتی‌چراغ راخاموش میکردیم، هر یك با روح زخم‌خورده دروحشت ـ

سرای رختخواب خود ، با دیوهای خیال ، دست بگریبان میشدیم .آن نیشها هر کدام خنجر زهرآلودی میشد و بهرجا در دلمان که حساس‌تر بود فرو رفت ، در خونابهٔ دل میغلتیدیم ومینالیدیم .

در آنشب‌های تار در خاطرم چه التماسها که بتو میکردم ، چه قسمها که بر بیگناهی خود میخوردم ، چه عذرها که از خطاهای نا کرده میآوردم وتوبه ها که میکردم ، تو نزدیك من بودی و نمیشنیدی؟

تو هم در رختخواب خود با خواب ، کشمکش داشتی و بخود میپیچیدی ، پیدا بود که مثل من گرفتاری ، توهم مثل من مینالیدی و فغان میکردی اما صدای هیچکدام از سینهٔ پردردمان بیرون نمیآمد .

تمام شب را فکر میکردم و برای گفتگوی با تو عبارت میساختم و صبح همه را خراب میکردم . میدیدم که جز فرار چاره‌ای ندارم ، عزم میکردم که از توبگریزم اما همان سر وپائی که خیال گریزداشت، از وحشت این خیال ، سست‌تر و سنگین‌تر میشد : آری بقصد فرار از خانه بیرون میرفتم لکن‌هرقدر که از تو دور میشدم خیال‌بتو نزدیکترم میکرد ، کارها را آشفته میگذاشتم و زودتر بخانه برمیگشتم و از آن قصد بیجا استغفار میکردم ؛ هر رنج و مصیبتی آسان‌تر از آن بود که یکروز ترا نبینم .

عشق که بیدرد و سوزش نمیشود اما وقتی محنت از حد گذشت به نیستی میکشاند : یکروز که از دست تو بجان آمده بودم رفتم که خودم را فنا کنم ، پیش از جدائی تو را بغل کردم و بوسیدم و نمیدانم چه گفتم که تو بی‌اختیار خودت را درآغوش من انداختی وصورتمرا از آب دیده تر کردی .

ساعت‌ها درآغوش یکدیگر راز و نیاز داشتیم و باآنهمه نادانی و بچگی خندیدیم و گریبدیم وعاشقی را از سر گرفتیم .

ای افسوس ، چرا از اول نمیدانستم که بایك بوسه و حرف گرم میشود جهنم زندگیرا بهشت ساخت !

شبی باگل

من ای گل امشب مست اندوهم واز تو باك ندارم .

چشمم بخواهش دل از تو نمیگریزد، بی پروا روبرویت می‌نشینم وبی‌واهمه برویت نگاه میکنم.هرچه امشب ازغم بساغرم بریزی مینوشم، شاید از تلخی غصدام بکاهد .

پیش از این از تو بیك نگاه دزدیده میساختم و میگذشتم ، نمیگذاشتم دست تاراج غمت بخاطرم برسد اما امشب هرچه میتوانی از این جان افسرده یغما کن که از آن بتنگم .

من ای گل امشب مست وگستاخم و هرچه دردل دارم میگویم :

آری من از تو میترسم و از دیدنت گریزانم :

بیك نظر آرزوهای خواب رفته‌امرا بیدار میکنی و بشکوه وفغان وامیداری ، از من چیزها میخواهند که خدا اجازه نداده و جز بزبان آه و ناله و زاری در نمیآید : دلم میخواهد بغیر گل در جهان نبینم ، میخواهم همه بخوبی و نرمی گل باشند ، آرزو میکنم که تو من باشی و من تو باشم .

اما منکه گل نیستم ... چشم را ازشرم این تمنا بهم میگذارم و

آه میکشم .

دریغا آنکه میتوانسته گل بیافریند چرا زشتی آفریده !

وه که چه خواهشها و غمها و پریشانیها که از دیدن تو گل در دل من سرمیزند! تو باین قشنگی چرا میپژمری، چرا میمیری؟ ای امان ! کدام انگشت بیداد ، تورا از گلبن بریده ، کدام دست بی‌ذوق ، تو را بخاك میکشاند !

ای مرگ مگر کوری که زشت و زیبا را نمی‌بینی ؟ خوبانرا چرا میکشی !

بیادم آمد آن دختر نازنین آنشب درلباس عروسی مثل ماه تمام ، درهاله میدرخشید. از نور عیش وامید ، صدبار جمیلترشده بود. آهسته سربگوشش گذاشتم وپرسیدم آیا ازخوشبختی چیزی کم داری ؟ لبخندی زد ودستها را بهم مالید . خواهرش گفت مگر نمیدانید که تاخدا بمریم یك دختر ندهد باو هیچ نداده ؟

خدا بمریم دختری داد مثل فرشته ، اسمش‌راهم فرشته گذاشتند. روزی خبرآوردند که فرشته بیمارشده اما وقتی من رسیدم ، دست اجل آن غنچه را از شاخ زندگی جدا کرده بود . میخواستند مرده را بگور ببرند، مریم باگیسوی آشفته روی بچه افتاده بود وسراپایش‌را میبوسید.

با صدای پست و از وحشت گرفته میگفت دروغ نگوئید ، بچهٔ من نمرده ، همچه چیزی محال است ، فرشته باین خوشگلی که نمیمیرد! ببینید چه قشنگ است ، چه مژه‌های بلندی دارد، حیف که خوابش برده اگر نه چشمهایش‌را میدیدید که چه درشت و گیرنده است. آره فرشته‌جان ، من برایت لالائی میگویم ، تو بخواب .

ناگهان فریاد میکرد که نمیگذارم، نمیگذارم جگر گوشهٔ مرا ببرید، بگذارید بخوابد، من آنقدر بالای سرش می‌نشینم تا بیدار بشود.

التماس میکردند که برخیز وبگذار بچه را ببرند.

میگفت چرا میخواهید فرشته را از من بگیرید، مگر من چه تقصیری کرده‌ام! منکه راضی باشم اوهمیشه بخوابد ومن نگاهش کنم، شما چه حرفی دارید؟ مگر خدا دردل شما رحم نیافریده!

خواهرش آهسته گفت مریم جان، بچه که مرد میپوسد، بو میگیرد، مرده را که نمیشود نگاه داشت.

جیغ زد که ای خواهر نگو، نگو، فرشتهٔمن نمیپوسد، بوی بد نمیگیرد. بوکن ببین‌مثل گل‌است، گل که بوی‌بدندارد، گل‌راا گر تروتازه نگهدارندهمیشه‌میماند بخدامن بچه‌ام‌رامثل گل، تروتازه‌نگهمیدارم... ای وای، پس مراهم بافرشته ببرید، میخواهم توی گوربغلش بگیرم...

✿✿✿

از فکر سرانجام تو ای گل، بیاد هرچه صورت زیبا که بخاك رفته میافتم و مینالم.

من ازاین سکوت‌مبرم تو وحشت دارم: چه رازها که برسرزبان داری و نمیگوئی، چه خبرها که ازباغ بهشت بما نمیدهی! تو مظهر بهترین فکر خدائی، تو آخرین قلم صنعت آفرینشی، چگونه میشود که خدا خوبترین مخلوق خودرا بیروح وبیزبان آفریده باشد! چرا با من حرف نمیزنی و بدرد دلم نمیرسی؟

حق داری، میترسی از تأثر، رنگ از رخت بپرد، از وحشت بلرزی و فرو بریزی.

یا آنکه مثل آن فرشته ، از اول این جهان را برای زیستن نپسندیده و روح را بآسمان پرواز داده‌ای ؟

جسم بیجانرا بوسیدن و بوئیدن چه دردناکست .

چه میگویم ! تو البته روح وزبان داری: من ازهر برگ تویك دیوان شرح دلدادگی میشنوم ، در هر شبنمی که برخسارت افتاده یك سیل اشك و حسرت و مهجوری می‌بینم و از عطر جان سوخته‌ات هوای خوش عاشقی استشمام میکنم . اما امشب تو آرام باش ومن گریان ، من مینالم وتو گوش بگیر .

از یك نگاه که بتو گل میکنم ، هرچه عاشق ناکام در دنیا پیش معشوق بی‌اعتنا ، زاریده میشنوم ، هرچه اشك ریخته در خاطرم فرو-میریزد ، هرچه رنج برده میکشم ...

این چه نگرانی‌است که در حضورتو من دارم ، چرا در محفلیکه تو باشی من اینهمه بیقرار و دلواپس میشوم ؟ این خرمن گل را برای چه پیش روی من گذاشته‌اند ، چه فایده ، این بهشت که مرا از جنس خود نمیداند ومرا بخود راه نمیدهد .

میگوید من صورت آرزوی توام ، من سرابم وتو مستسقی ، مرا ببین و بسوز .

از این ناجوری که بین آدمها و گلهاست ، ناراحت و مضطربم . چرا اینهمه زیبائی و نرمی وخوبی وشکیب وآرامش شما گلها درما اثر نمیکند! چرا جزبگل بچیزدیگرهم نگاه میکنیم؟ چرابغیر گل‌خواستن وآرزوی گل‌بودن ، فکر دیگری‌هم ازخاطرمان میگذرد! تعجب‌میکنم که چرا پیش گل بجز ازشعر والطف وصفاهم صحبت میکنیم !

دلم بحال آن گلها که کسی نمیبینند میسوزد ، برای آن رنگ و بوها و جلوه‌ها وخودنمائیها که بهدر میرود ، آه دریغ میکشم .

یادم آوردی آنروز صبح بهار در مازندران ازخانه بیرون آمدم و در مقابل پردهٔ سحرآمیز طبیعت حیران شدم : کوه و دشت و آسمان پر از رنگ و گل بود . از دور ونزدیك ، گلها وسبزه‌ها و درختها سرشان را بمن تکان میدادند ، میگفتند ما همه منتظر تو بودیم ، بیا و پهلوی ما بنشین ، ببین که چه خوب وخوشگلیم ، بخواهش دلمان برس ، بشنو که از بیعاشقی بما چه‌ها میگذرد . توبیا وبا ما عاشقی کن ، بخدا ما هر کدام دل مرده‌ای را زنده میکنیم ...

در خاطرم شور وغوغا بپا شد وغزلی سوزان طلوع کرد . نسیم ، آن غزلرا ازچشم ترمن میگرفت وبرای معشوقان میبرد .

در این حال ومغازله بودم ، کدخدا گفت چرا نمیآئی ؟ گفتم از این بهشت کجا برویم ، مگراین گلها را نمی‌بینی ؟

بانوك پا چند دانه گل سفید وآبی را سرانداخت و گفت : «کی بگل نگاه میکند !»

دردا که همه به گل نگاه نمیکنند ومن از این گناه در عذابم ، آوخ که چه گلهای بیهمتا که نادیده میماند !

سال پیش تابستانرا در پس‌قلعه زیرچادر ولای‌سنگها گذراندم.

دوستان کمتر بسراغم میآمدند چون پای دوستی بجاهای دور و مشکل نمیرود . خوشبختانه برای دلی که تشنهٔ الفت باشد همه‌جادوست فراهم است ، بهر که محبت کنیم بما پس میدهد ، اما نه باندازهٔ طبیعت هر کس در حد کرم خود مهرمیورزد بجز طبیعت که درخور استعداد

دوست ، محبت میکند وهرقدرما بیشتر نیازمندباشیم ، اوفیاض‌ترمیشود.

دوستی با طبیعت ما را از خودمان بزرگتر و خوبتر میکند در صورتیکه تعلقات دیگر اغلب‌مارا بخیالات کوچك وامیداردوبپستی‌میبرد.

مثلا وقتی خانهٔ زیبا را تماشا میکنیم شاید ازخیالمان میگذرد که ای کاش این‌کاخ مال ما بود . رشتهٔ این خیال ما راازلذت زیبادیدن برنج خاستن میکشاند لکن تماشای ابرهای سفید که‌درمتن‌آبی آسمان در پرتو طلائی آفتاب غوطه میخورند و هرلحظه بشکل و رنگی در میآیند ، ما را ازخواهشهای زمینی برمیگیرد وازخودمان بالاترمیبرد.

با طبیعت ، رفیق جانانه شدم ، هر چه میخواستم مضایقه نداشت قصرها برایم میساخت که روی زمین نیست، چیزها بمن میآموخت که در مدرسه یاد نمیدهند ، تصویرها نشانم میداد که هیچ استادی نکشیده ، بزمها برایم بپا میکرد که جز درآرزو صورت نمیبندد .

یکروز در بستر رودخانه ، خود را لابلای بوته‌ها و درختها میکشیدم وبالا میرفتم . روی تخته سنگهائی که سرازآب بیرون آورده یامثل چشمی که گریه‌میکند ، ازپردهٔ نازکی ازآب‌پوشیده ،پامیگذاشتم ومیلغزیدم ، درهرقدم متوجه بودم که‌اگرافتادم‌تا کجا خیس خواهم‌شد.

ناگهان تیغی بدستم رفت وایستادم ، باطراف نگاه کردم تا از تماشای قشنگیها داد خود را ازستم تیغ بگیرم . دیدم‌بفاصلهٔ نزدیکی، بستر رود را دوسنگ بلند، تنگ در میان گرفته‌اند وآب ازچندین پله روی هم میریزد . گوئی آن تیغ که بدستم رفت‌میخواست خبرم کند که راه رفتن بسته است .

خواستم برگردم ، دیدم یکی اشاره میکند که بایست : در کنار

پلهٔ آخر آبشار، گل سفیدی از شکاف سنگی سیاه بیرون آمده بود و زیر قطرات آبی که برسرش میافتاد ، اشك میریخت و سر را بحسرت بمن تکان میداد که نرو ، یك دم بایست و مرا ببین ...

تا آنجا که میشد جلو رفتم و نگاه کردم . گل بی برگ وخاری بود نازك و کشیده ، ساق ولاله اش از یك جنس و رنگ بود . از آنهمه که بر سرش میبارید چنان گرفته ومحزون بود که غنچهٔ دهانش ازهم باز نمیشد.

اگرهم دستم میرسید گل را نمیچیدم ! چشم وخیال را ازآن گل سیراب کردم وخواستم بر گردم . بزاری وتندی سر راتکان داد که نرو، بنشین وبدادم برس ، من تنها و بی یارم ، دلت بحالم بسوزد ...

بی اختیار نشستم وچشم و هوش و گوشم را بگل دادم و محو او شدم.

نمیدانم چه مدت طول کشید ، هواتاریك شد ومن دیگر جز در خیال ، گل را نمیدیدم .

قصد کردم که برخیزم و بروم .سراز گریبان برآوردم و ناگهی دیدم که گلم جان گرفت و برسنگ ایستاد. دختری شد بلندو کشیده وسفید، مثل ماه درخشید وجهانرا روشن کرد . گیسوان طلائیش همچون خرمن زر که آفتاب به ارمغان فرستاده باشد، بر دوش و شانه اش افشان بود.

انگشت نسیم ازهر تاری ساز ونوائی بیرون میآورد . با صدائی همچو آوای بهشی گفت نرو ، بازبمان ومرا نگاه کن ، توچشم دلداری ومیبینی که رنج مرا دراین تنهائی ، هیچ خوشگلی نبرده ، هیچ معشوقی از بی عاشقی اینهمه درد نکشیده ...

فریاد کردم که مگر دراین بوستان ، بلبل شوریده ای نیست که

تو بیعاشق و یاری !

زارید که ای دریغ ، بلبل عاشق رابدست خود سر به بیابان‌دادم! آری هرچه بلبل در این دنیا بود مرا خواهان بود وشوریدگی‌میکرد تاآن یکی که از همه بهتر دستان میزد ماند و دیگران از خجالت پر کشیدند . بلبل دستان‌سرای من هر روز خوشترمینالید و بهتر میسرود اما من بیشتر نازمیکردم و کبر میفروختم ، میخواستم‌عاشقم چنان‌بسوزد که از نغمه‌سازان عالم همه بهتر بسازد... ای افسوس ، آنقدر نازوسردی کردم تا روزی ازنومیدی خاموش شد وپر کشید و رفت ... وای که‌هیچ معشوقی مثل من ازرفتن عاشق اینهمه درد نکشیده! توکه صاحبدلی‌هر چه میتوانی برای من غمخواری کن . اگر بلبل رمیده‌مرا دیدی بگو.. بگوکه من از او عاشقترم ...

گفتم پس چرا بدنبال معشوق سر بصحرا نمیگذاری ؟

گفت آخر من گلم وپای بندم ، گل اگرپای‌بندنبود گل‌نمیشد..

☆☆☆

من ای گل امشب مست اندوهم وازتو باك ندارم ، هر چه از غم بساغرم بریزی‌مستانه مینوشم،اماچه حاصل که‌هیچ‌از تلخی‌غصه‌ام‌نمیکاهد

پایان